성령받음

김창영 지음

생명의말씀사

성령받음

ⓒ 생명의말씀사 2016

2016년 12월 20일 1판 1쇄 발행

펴낸이 | 김재권
펴낸곳 | 생명의말씀사

등록 | 1962. 1. 10. No.300-1962-1
주소 | 서울시 종로구 경희궁1길 5-9(03176)
전화 | 02)738-6555(본사)・02)3159-7979(영업)
팩스 | 02)739-3824(본사)・080-022-8585(영업)

지은이 | 김창영

기획편집 | 박미현
디자인 | 박소정, 조현진
인쇄 | 영진문원
제본 | 정문바인텍

ISBN 978-89-04-16569-8 (04230)
ISBN 978-89-04-70030-1 (세트)

저작권자의 허락없이 이 책의 일부 또는 전체를
무단 복제, 전재, 발췌하면 저작권법에 의해 처벌을 받습니다.

성령받음

당신은 성령을 얼마나 알고 있습니까?
성령, 누구십니까? 아니면 무엇입니까?

당신은 언제 성령 세례를 받았습니까?
믿을 때 받았습니까? 아니면 그 이후에 받았습니까?
받았다면 그 증거는 무엇입니까?

성령,
바로 알고 바로 받아야 진짜 그리스도인입니다.

"사랑하는 자들아 영을 다 믿지 말고
오직 영들이 하나님께 속하였나 분별하라
많은 거짓 선지자가 세상에 나왔음이라"(요일 4:1).

목차

저자 서문 성령, 누구신가 무엇인가   08

1부 왜 성령을 알아야 하는가

1장 성령을 모르면 진리도 모른다   14
2장 성령을 분별하지 못하면 예배가 잘못된다   21
3장 성령으로 구원의 약속이 성취된다   28
4장 성령이 바로 믿고 바로 고백하게 하신다   33

2부 성령은 누구신가

5장 성령은 하나님이시다   40
6장 성령은 보혜사이시다   53
7장 성령은 진리의 영이시다   59
8장 성령은 거룩한 영이시다   64
9장 성령은 창조의 영이시다   68
10장 성령은 새 창조의 영이시다   74

3부   성령 사역을 바로 알라

11장	성령의 내주는 느낌인가	80
12장	기름 부음은 체험인가	86
13장	인치심이란 무엇인가	93
14장	성령이 떠나실 수 있는가	98
15장	성령을 속일 수 있는가	102
16장	성령이 소멸될 수 있는가	106
17장	성령 모독은 어떤 죄인가	111

4부   성령 세례를 바로 알라

18장	오순절 성령 강림은 무엇인가	116
19장	성령 세례를 받았는가	135
20장	성령으로 충만함을 받으라	147

맺음말	성령 세례를 받았음을 확신하라	164

저자 서문

성령,
누구신가 무엇인가

"성령을 얼마나 알고 있습니까? 성령을 누구라고 생각합니까, 아니면 무엇이라고 생각합니까? 성령은 인격체입니까, 아니면 주고받을 수 있는 대상인 물질입니까?"

이렇게 질문을 하면 대부분의 그리스도인들은 머뭇거리거나 의아해합니다. 이는 '성령'이라고 하면 인격을 가진 분보다 우리와는 동떨어진 무언가 신비스럽고 차가운 비인격체라는 생각이 앞서기 때문일 것입니다.

한국교회는 오랫동안 성령은 누구신가, 무슨 일을 하시는 분인가를 가르치기보다는 성령은 나에게 무슨 능력을 주시는가, 능력을 받으면 내게 어떤 일이 일어나며 나는 무슨 일을 행할 수 있는가를 아는 데에 급급했습니다. 그래서 강단에서 성령을 외칠 때면, "성령을 받아라!"고 명령하거나 "주여, 성령을 주시옵소서!"라고 간청하곤 했습니다. 이는 성령을 주고 받을 수 있는 대상으로 인식하기 때문입니다.

 이렇듯 오늘날 한국교회는 성령을 잘못 이해해 큰 문제를 겪고 있습니다. 진리에 입각한 바른 성령이 선포되어야 하는 강단에서 거짓 성령이 선포되고 성도들은 거짓 성령에 귀를 열었습니다. 진리의 영이 강단에서 사라지고 대신 미혹의 영이 선포되고 있습니다. 거짓 성령, 가짜 성령이 판을 치고 있습니다.

진리가 바로 서지 않는 기독교는 역사적 기독교가 아니라 변질된 기독교입니다. 진리에서 떠났거나 진리를 바로 분별하지 못하는 기독교는 죄인을 구원하지 못하는 가짜 기독교입니다. 마찬가지로 진리를 바로 알지 못하고 믿는 믿음은 당신을 천국으로 안전하게 인도하지 못하는 가짜 믿음입니다.

저는 「구원받음」에 이어 「성령받음」을 쓰면서 마음에 품은 바람이 한 가지 있었습니다. 성경의 진리를 통해 한국교회 성도들에게 성령을 바로 알리고 싶은 마음이 간절했습니다. 바로 알아야 바로 믿게 되고 믿음의 궁극인 천국으로 안전하게 인도될 수 있기 때문입니다. 자신의 주관적인 생각과 경험을 바탕으로 이것이 성령이다, 저것이 성령이다 하는 우를 범해서는 안 됩니다.

제대로 믿고 구원받으려면 성령을 바로 알아야 합니다. 이 땅에서 구원받은 백성인 성도가 가져야 할 바른 책무 중 하나는 진리를 바로 아는 것입니다. 진리에서 벗어나거나 그릇된 진리를 아는 것은 구원에 이르는 길에서 벗어나는 것과 같습니다. 구원의 길에서 벗어나면 멸망의 길이 도사리고 있습니다.

이 책은 성경을 통해 성령은 누구시며, 무슨 일을 하시며 또한 성령을 받은 우리는 어떻게 살아야 하는지를 다루었습니다. 부디 이 책을 통해 성령을 바로 알고, 바로 섬기길 바랍니다. 또한 그 성령을 우리에게 보내주신 성부, 성자 하나님께 영광과 찬송을 돌리며 천국으로 들어가되 넉넉히 들어가시는 독자 여러분들이 되기를 간절히 소원합니다.

은혜의 수혜자 **김창영 목사**

1부

왜 성령을 알아야 하는가

1장

성령을 모르면 진리도 모른다

"그러나 진리의 성령이 오시면 그가 너희를 모든 진리 가운데로 인도하시리니"(요 16:13).

어떻게 해야 하나님을 잘 섬길 수 있습니까?

열심히 기도하고, 열심히 예배에 참석하고, 열심히 봉사하면 됩니까? 모든 일에 열심이면 그것이 곧 진짜 성도라는 증거입니까? 열심, 좋습니다. 열심히 믿고 열심히 예배해야 합니다. 그러나 무엇을 향한 열심인지 바로 아는 것이 그보다 더 중요합니다.

이스라엘은 자신들을 하나님의 백성이요, 언약의 백성이요, 율법의 백성이요, 구원의 백성으로 자처했습니다. 그리고 하나님의 선민이라 여기면서 그 어떤 백성보다 열심히 하나님께 예배를 드렸습니다. 그런데 그런 이스라엘 백성을 향하여 바울은 이렇게 말합니다. "그들이 하나님께 열심이 있으나 올바른 지식을 따른 것이 아니니라"(롬 10:2). 바울은 그들에게 그들의 열심, 경배, 헌신, 봉사는 올바른 지식에 기초하지 않았다고 말합니다. 지식을 좇은 것이 아니라 힘써 자기 의, 즉 인간의 행함과 노력과 열정과 자신의 드러냄을 추구했다고 질책합니다. 이것이 당시 하나님의 백성을 자처하던 자들의 영적 현실이었습니다.

오늘날 한국교회도 이와 마찬가지입니다. 한때 세계에서 가장 빠르게 성장하는 교회, 세계 최대의 교회 건물들, 세계에서 유일무이한 새벽기도와 금요 철야집회 등은 한국교회를 대변하던 현상들이었습니다. 열심을 다해 부흥을 이루었지만 오늘날 한국교회는 진리를 사랑하는 모습이 희미합니다. 기독교를 기독교 되게 하는 가장 중요한 요소인 진리를 과연 열심히 추구하는지 묻지 않을 수 없습니다.

왜 이렇게 되었습니까?

기독교가 이 땅에 전파되던 초기, 보릿고개도 넘기 힘들 정도로 무척 어렵게 살았지만 강단에서는 진리가 선포되었습니다. 진리를 사랑하는 수많은 남녀노소가 먹을 양식은 부족해도 영의 양식을 갈망하며 교회로 나아왔습니다. 교회는 진리 증거와 수호의 장소였고 교인은 진리를 사모하던 사람들이었으며 기독교는 바로 교회였습니다. 그들은 그 진리를 지키기 위해 삶을 바쳤습니다.

그런데 불과 130여 년이 지난 오늘날 한국교회는 어떻습니까? 진리가 무엇인지 잘 모를 뿐 아니라 진리를 듣기 싫어하는 사람들도 자신들을 교인이라고 부르며 교회의 자리를 차지해버렸습니다. 영의 양식을 갈망하며 진리를 사모하고 그 진리에 자신의 인생을 걸던 진실함이 사라져버린 것입니다.

예수님이 바리새인들을 향하여 "내가 진리를 말하므로 너희가 나를 믿지 아니하는도다"(요 8:45)라고 말씀하신 것과 마찬가지로 오늘의 한국교회는 진리를 믿지 않는 세대가 되어 버렸습니다.

만일 예수님이 오셔서 이러한 한국교회를 향하여 "나를 향한 열심은 있으나 올바른 지식을 따른 것이 아니다."라고 말씀하신다면 우리는 어떻게 대답할 수 있을까요? 한국교회가 하나님 앞에 바로 서려면 오직 진리를 회복하는 길밖에 없습니다. 그렇다면 어떻게 해야 진리를 회복할 수 있을까요? 예수님은 이렇게 말씀하셨습니다. "그러나 진리의 성령이 오시면 그가 너희를 모든 진리 가운데로 인도하시리니"(요 16:13).

성령이 오셔야 합니다. 성령이 오셔야만 진리 가운데로 인도될 수 있습니다. 왜냐하면 성령은 진리의 영이시기 때문입니다.

진리의 세 가지 특징

진리가 진리 되기 위해서는 다음 세 가지 조건이 충족되어야 합니다.

첫째, 진리의 절대성입니다. 진리는 시공간을 초월해 절대로 변하지 않아야 합니다. 사람은 성령으로 거듭났더라도 여전히 죄악에 물든 본성을 가지고 있습니다. 의도적으로 죄를 짓지 않아도 마음속에 도사리는 감춰진 본성이 끊임없이 우리를 죄의 법 아래로 사로잡아 옵니다. 죄의 본성 때문에 우리는 알고도 범하는 고범죄를 짓습니다. 그러므로 인간의 주관적 체험으로는 결코 진리를 구별할 수 없습니다. 때문에 진리는 절대적이어야 합니다.

둘째, 진리의 객관성입니다. 진리의 객관성이란 진리는 자신의 주관적 해석이나 체험에 근거하기보다는 성경의 가르침에 그 토대를 두어야 한다는 뜻입니다. 자신의 개인적인 체험으로는 진리의 진위여부를 판단할 수 없습니다. 시대와 환경과 상황을 초월하여 영원히 변하지 않으며 오직 성경의 기록을 통하여 전달되고 증거되고 보존되는 진리가 참 진리입니다. 따라서 진리는 나뿐만 아니라 상대방에게도 검증되는 객관성을 지녀야 합니다.

셋째, 진리의 합리성입니다. 진리의 합리성이란 비합리성에 기초한 개인적인 체험으로는 진리의 진위여부를 판단할 수 없다는 것입니다. 주관적인 체험이 아니라 성경을 통해 논리적으로 검증되어야만 합니다. 진리는 비합리적이지 않습니다.

이 말씀을 드리는 이유는 여전히 수많은 성도들이 성령을 자신의 주관적인 체험으로 이해하려고 애쓰기 때문입니다. 진리를 바로 알지 못하는 신앙은 무모한 신앙이며 무모한 신앙은 신앙이 아니라 무신앙(無信仰)으로 귀결됩니다. 예수님도 무모한 신앙에 대하여 말씀하셨습니다.

"이사야가 너희 외식하는 자에 대하여 잘 예언하였도다 기록하였으되 이 백성이 입술로는 나를 공경하되 마음은 내게서 멀도다 사람의 계명으로 교훈을 삼아 가르치니 나를 헛되이 경배하는도다 하였느니라 너희가 하나님의 계명은 버리고 사람의 전통을 지키느니라 또 이르시되 너희가 너희 전통을 지키려고 하나님의 계명을 잘 저버리는도다"(막 7:6-9).

예수님이 당시 하나님을 가장 잘 믿는다고 자부하던 자들을 향하여 무엇을 책망하십니까? 그들에게 열심이 있으나 사람의 계명을 교훈 삼아 가르치므로 하나님을 경배한다고 하지만 실상은 헛되이 경배하는 것이라고 말씀하십니다. 굉장히 치명적인 말입니다. 그 누구보다 열심히 예배를 드렸지만 하나님이 기뻐하지 않으시는 경배, 즉 쓸모없는 경배를 드렸던 것입니다. 구원에 기초를 둔 경배가 아니었습니다. 사람의 전통과 교훈과 계명을 가지고 그것이 진리인 양 붙들고 있었기 때문에 예배의 기초부터 잘못되어 있었던 것입니다. 그러므로 하나님을 경배하더라도 잘못 경배하면 그 예배는 예배가 되지 못합니다.

성령이 오시면 우리는 구원에 이르는 지식을 통해서 진리를 따르고 진리를 사모하게 됩니다. 그러므로 성령은 지식을 통한 진리를 떠나서는 역사하지 않으신다는 사실을 반드시 기억해야 합니다.

예수님은 "진리의 성령이 오시면 그가 너희를 모든 진리 가운데로 인도하시리니"라고 말씀하셨습니다. 진리를 바로 알기 위해서는 성령이 오셔야 합니다. 성령이 오셔서 진리를 가르칠 때 비로소 바로 알 수 있습니다. 믿음을 가지는 것만으로는 부족합니다. 진리에 기초한 믿음을 가져야 참 믿음입니다.

진리에 기초한 믿음이란 계시된 하나님의 말씀인 성경의 진리 위에 세워진 믿음을 말합니다. 성령을 바로 배워서 진리에 기초한 믿음을 가져야 합니다. 왜냐하면 성령은 진리의 영이시기 때문입니다. 이 책을 읽는 동안 진리의 성령이 여러분에게 오셔서 참 믿음, 즉 구원에 이르는 믿음을 얻게 되기를 간절히 소원합니다.

2장

성령을 분별하지 못하면 예배가 잘못된다

"사랑하는 자들아 영을 다 믿지 말고 오직 영들이 하나님께 속하였나 분별하라 많은 거짓 선지자가 세상에 나왔음이라"(요일 4:1).

성경을 보거나 교회의 역사를 보면 거짓 선지자들과 거짓 교사들이 많이 출현했습니다. 거짓 선지자와 거짓 교사는 두 종류로 구분할 수 있습니다.

하나는 하나님을 섬기는 선지자라고 하면서 다른 신들을 섬기는 자들입니다. 하나님을 섬긴다고 하지만 실상은 우상, 즉 귀신을 섬기는 자들입니다. 이 세상에 하나님 한 분 외에는 신이 없고 또 신이라 불리는 것도 없습니다. 그러나 사람들은 귀신을 신이라 부릅니다. 타락한 천사로서 피조물에 불과한 귀신을 세상을 다스리고 인간의 운명을 좌우하는 신이라고 부릅니다. 성경은 이를 우상숭배라고 합니다. 우상숭배는 곧 하나님이 아닌 다른 것, 또는 귀신을 숭배하는 것입니다. 바울은 당시 고린도교회를 향하여 이렇게 말했습니다. "무릇 이방인이 제사하는 것은 귀신에게 하는 것이요 하나님께 제사하는 것이 아니니 나는 너희가 귀신과 교제하는 자가 되기를 원하지 아니하노라"(고전 10:20).

무엇을 말합니까? 당시 고린도교회에도 하나님께 예배한다고 하면서 실상은 우상, 즉 귀신에게 예배하고 귀신과 교제하는 자들이 있었다는 것입니다. 참 하나님을 떠난 자들은 누구든지 귀신에게 가서 귀신을 섬길 수 있습니다. 왜냐하면 "이 세상의 신이 믿지 아니하는 자들의 마음을 혼미하게 하여 그리스도의 영광의 복음의 광채가 비치지 못하게"(고후 4:4) 하기 때문입니다. 이 세상 신들은 어두움의 세상 주관자들이기에 그럴 능력이 있습니다.

에덴동산에서 아담과 하와를 거짓말로 유혹하여 그들의 '마음을 혼미'하게 하여 죄에 빠지도록 한 자들입니다. '마음을 혼미'하게 한다는 것은 진리를 보지 못하도록 마음에 커튼을 친다는 뜻입니다. 마음에 검은 커튼이 쳐져 있으니 그리스도의 영광스러운 복음의 광채를 바로 보지 못하는 것입니다. 고린도교회뿐만 아니라, 오늘날 교회 안에 있으면서 자신을 성도라 부르는 사람들 가운데도 이 세상 신들에게 속는 사람이 많습니다.

다른 하나는 성령의 감동으로 말한다고 하면서 거짓을 말하는 선지자들입니다.

"만군의 여호와께서 이와 같이 말씀하시되 너희에게 예언하는 선지자들의 말을 듣지 말라 그들은 너희에게 헛된 것을 가르치나니 그들이 말한 묵시는 자기 마음으로 말미암은 것이요 여호와의 입에서 나온 것이 아니니라"(렘 23:16).

왜 이런 일이 벌어집니까?

첫째는 진리에 대한 무지 때문입니다. 성경에 계시된 복음의 진리, 즉 구원의 도(道)가 무엇인지 잘 모르기 때문입니다. 하나님의 형상과 모양을 따라 지음을 받을 때 부여받은 인간의 지성과 이성 그리고 의지를 동원하여 성경에 계시된 구원의 도를 성령의 가르침으로 깨달아야 하는데, 성령에 둔감하고 지성이 부족하다 보니 성령이 가르치시는 진리를 잘 이해하지 못합니다.

목사들 중에도 성경에 계시된 구원의 도를 잘 모르는 사람들이 많습니다. 무지한 목사들이 가르치다 보면 계시된 진리가 아니라, 자기 마음에서 만들어낸 헛된 진리, 그릇된 진리를 가르치게 되고 또 성도들은 이를 배우게 됩니다. 이러한 자들은 자신뿐만 아니라 그를 따르는 성도들까지도 거짓으로 인도합니다. 필경은 생명에 이르지 못하게 합니다.

둘째는 진리의 영과 미혹의 영을 구분하지 못하는 영적 분별력의 부재 때문입니다.

"사랑하는 자들아 영을 다 믿지 말고 오직 영들이 하나님께 속하였나 분별하라 많은 거짓 선지자가 세상에 나왔음이라"(요일 4:1).

옛날에도 거짓 선지자와 거짓 교사가 많았습니다. 이들은 모두 자신들이 하나님으로부터 직통계시를 받았다거나 자신의 가르침만이 참 계시라고 주장합니다. 이렇게 주장하는 자들은 옛날이나 오늘날이나 다 미혹의 영에 붙들려 거짓을 말하는 자들입니다. 따라서 오늘날에도 그리스도인들이 주의해야 할 가르침은 '영들을 다 믿지 말아야 한다.'는 말씀입니다. 자신이 직접 하나님으로부터 계시를 받았다고 떠드는 자들의 가르침을 믿지 말아야 합니다. 거짓 선지자와 거짓 그리스도의 표징은 바로 놀라운 표적과 이적을 행하는 것입니다.

"거짓 그리스도들과 거짓 선지자들이 일어나 큰 표적과 기사를 보여 할 수만 있으면 택하신 자들도 미혹하리라"(마 24:24).

대부분의 그리스도인은 표적과 기사를 보면 놀라서 그런 표적을 행하는 자들에게 특별한 능력이 있고 또 그런 곳에 가야 특별한 능력을 받는다고 생각합니다. 이는 미혹의 영이 택하신 자들을 구원에서 멀어지게 하기 위한 술수입니다. 이들은 진리의 영이신 성령을 한갓 즐거움을 위한 볼거리로 생각합니다. 뭔가 특별하고 특이하고 소리 지르고 넘어지고 데굴데굴 구르고 울부짖고 일어나 뛰는 것을 보아야 그것이 성령의 능력이라고 생각합니다.

반드시 기억하기 바랍니다. 성령은 그렇게 오시지 않습니다. 성령은 세미한 음성 가운데 오셔서 드러내지도 아니하고 소리 내지도 아니하며 우리를 하나님의 백성으로 삼으십니다. 성령은 진리의 영이신 동시에 질서의 영, 거룩의 영이라는 사실을 잊지 말기 바랍니다.

출애굽기 32장에 이스라엘 백성들이 애굽을 탈출하여 광야에 나온 지 불과 며칠이 지나지 않아 금송아지를 만들어 섬기는 장면이 나옵니다. 이스라엘 백성은 그들을 애굽에서 인도한 신이신 여호와 하나님을 섬기는 대신 금송아지를 만들어

섬깁니다.

그 당시 이스라엘 백성이 금송아지에게 드리던 예배를 성경은 이렇게 묘사합니다. "이튿날에 그들이 일찍이 일어나 번제를 드리며 화목제를 드리고 백성이 앉아서 먹고 마시며 일어나서 뛰놀더라"(출 32:6).

이 장면은 그들이 드린 예배의 실체를 보여줍니다. 어떤 예배였습니까? 철저히 자기들이 즐기는 예배였습니다. 질서도 없고 경건도 없고 거룩도 없는 무질서 그 자체였습니다. 먹고 마시고 일어나 춤추고 소리 지르고 뛰놀았습니다. 한마디로 난장판이었습니다. 그리고 그것을 예배라고 불렀습니다. 하나님의 백성이라고 하면서 거짓의 영, 미혹의 영에 미혹되어 하나님이 빠진, 즉 질서와 경건과 거룩이 빠진 거짓 예배를 드렸습니다.

오늘날에도 이와 같이 거짓의 영, 미혹의 영에 미혹되어 드리는 예배가 널리 성행하고 있습니다. 한국교회에도 이러한 거짓 목사, 거짓 장로, 거짓 부흥사들이 너무나도 많습니다. 사회적으로 유명했던 자, 큰 교회에서 다스리는 직분에 있던 자들이 미혹의 영의 유혹을 받아 무엇이 진리이고 무엇이 미혹인지를 분별하지 못한 채 진리를 왜곡시키는 사역에 이용당하고 있습니다. 책이나 집회를 통해 수많은 성도를 그들에게로 이끌어 결국 자신뿐만 아니라 어리석은 성도들도 멸망의 골짜기로 떨어지는 심판을 받게 합니다.

영을 분별해야 합니다. 내가 진리의 성령에 지배되고 굴복되는 삶을 사는지, 아니면 거짓의 영, 미혹의 영에 사로잡혀 진리를 분별하지 못하는 죄를 범하지 않는지 자신을 살펴야 합니다. 진리의 영이신 성령의 도우심으로 진리의 영과 미혹의 영을 분별해야 합니다. 오직 진리의 성령으로 드리는 삶과 예배가 하나님이 기뻐 받으시는 거룩한 예배입니다.

3장

성령으로 구원의 약속이 성취된다

"하나님이 오른손으로 예수를 높이시매 그가 약속하신 성령을 아버지께 받아서 너희가 보고 듣는 이것을 부어 주셨느니라"(행 2:33).

하나님은 죄인들을 구원하시려고 성경에서 두 가지 위대한 약속을 하셨습니다. 하나는 하나님이 그의 아들을 우리에게 보내주신다는 약속입니다. 다른 하나는 그의 영, 즉 성령을 우리에게 보내주신다는 약속입니다. 우리를 구원하시려고 하나님의 아들이 오신다는 것은 구약성경 최대의 약속이었습니다. 하나님의 아들 예수 그리스도는 우리와 같은 모습으로 오셔서 우리 죄를 대신하여 십자가에 못 박혀 죽으심으로 우리의 죄를 속량하셨습니다. 구원사역을 성취하신 것입니다.

이 약속이 성취된 후 신약성경 최대의 약속은 성령이 오신다는 것이었습니다. 마침내 오순절 성령 강림(행 2:1-4)을 통해 성령이 오셨습니다. 성령은 예수 그리스도가 성취하신 구원을 우리 각 사람에게 유효토록 하기 위해 오신 약속의 성취입니다.

하나님이 예수님을 높이셨다는 것은 부활하시고 승천하신 예수님을 하나님의 보좌에 앉히심으로 예수님이 본래 가지고 계셨던 하나님의 지위로 높이셨음을 의미합니다. 그리고 예수 그리스도는 약속하신 성령을 아버지께로부터 받아 우리에게 부어주신 것입니다. 그렇기 때문에 성령을 주시는 분은 성령 자신이 아니라 예수 그리스도이십니다.

성령의 은사도 마찬가지입니다. 성령 자체는 우리에게 그 어떤 은사도 주시지 않습니다. 우리는 예수 그리스도가 우리 각 사람의 능력대로 나눠주신 분량만큼 성령의 은사를 받게 됩니다. 우리가 아무리 기도로 '성령이여 나에게 은사를 주시옵소서.'라고 해도 성령은 은사를 주시지 않습니다.

성령은 그런 일을 위해 보내심을 받지 않으셨기 때문입니다. 성령을 이해할 때 우리가 기본적으로 반드시 알아야 할 진리가 있습니다. 우리의 구원에서 삼위일체 하나님, 즉 성부 하나님과 성자 하나님, 성령 하나님께는 각 위격에 합당한 고유한 사역이 있습니다. 그렇기 때문에 아무리 "성령이여 오소서."라고 해도 성령은 오시지 않습니다. 성령은 예수님이 아버지께 받아서 우리에게 약속의 성취로서 부어주신 것입니다. 요한복음 14장 말씀은 이렇게 말합니다.

"내가 아버지께 구하겠으니 그가 또 다른 보혜사를 너희에게 주사 영원토록 너희와 함께 있게 하리니 그는 진리의 영이라 세상은 능히 그를 받지 못하나니 이는 그를 보지도 못하고 알지도 못함이라 그러나 너희는 그를 아나니 그는 너희와 함께 거하심이요 또 너희 속에 계시겠음이라"(요 14:16-17).

요한복음 14장에서 제자들은 예수님이 떠난다고 하시자 두려워합니다. 그때 예수님은 제자들을 안심시키시며 "너희는 마음에 근심하지 말라. 내가 가는 것이 더 유익하다. 왜냐하면 나는 떠나가지만 보혜사 성령이 오시면 너희와 영원히 함께 거하기 때문이다."라고 말씀하십니다. 그래서 예수님은 또 다른 보혜사이신 성령을 보내시는 것입니다. 요한복음 15장에도 같은 내용이 나타납니다.

"내가 아버지께로부터 너희에게 보낼 보혜사 곧 아버지께로부터 나오시는 진리의 성령이 오실 때에 그가 나를 증언하실 것이요 너희도 처음부터 나와 함께 있었으므로 증언하느니라"(요 15:26-27).

예수님이 거듭 말씀하시는 것이 무엇입니까? '내가 성령을 보낸다.'입니다.

"그러나 내가 너희에게 실상을 말하노니 내가 떠나가는 것이 너희에게 유익이라 내가 떠나가지 아니하면 보혜사가 너희에게로 오시지 아니할 것이요 가면 내가 그를 너희에게로 보내리니"(요 16:7).

자, 성령이 스스로 우리에게 오실 수 있습니까? 없습니다! 성령은 약속의 성취로서 우리에게 구원자로 오신 예수님이 아버지 하나님께 받아서 우리에게 부어주신 것입니다. 우리가 아무리 달라고 떼를 써도 주고받는 대상이 결코 될 수 없습니다. 성령은 죄인인 인간을 구원하시기 위한 삼위 하나님의 구속 언약의 성취로서 우리에게 부어주신 것입니다.

따라서 성령의 역사는 곧 하나님의 역사이고, 우리 마음속에서 역사하시는 하나님의 역사는 곧 성령의 역사입니다. 그러므로 성령이 거하시지 않는 사람은 하나님이 베푸시는 구원의 은혜를 기대할 수 없을 뿐만 아니라 더욱이 받을 수도 없습니다. 성령을 바로 알아야 비로소 성령을 바르게 받을 수 있습니다.

4장

성령이 바로 믿고 바로 고백하게 하신다

"네가 만일 네 입으로 예수를 주로 시인하며 또 하나님께서 그를 죽은 자 가운데서 살리신 것을 네 마음에 믿으면 구원을 받으리라 사람이 마음으로 믿어 의에 이르고 입으로 시인하여 구원에 이르느니라"(롬 10:9–10).

로마서 10장 말씀에는 '구원의 방정식'이라고 부를 수 있는 내용이 기록되어 있습니다. 구원의 방정식은 그리 어려워 보이지 않습니다. 예수님이 부활하셨기 때문에 그분을 믿는 우리도 이제는 사망의 권세인 죽음으로 끝나지 않습니다. 예수를 하나님으로 믿고 예수 그리스도처럼 부활하여 산다는 것을 마음에 믿으면 구원을 얻습니다. 그리고 10절에서 결론을 내립니다. "마음으로 믿어 의에 이르고 입으로 시인하여 구원에 이르느니라." 이것은 신앙고백입니다. 즉 마음으로 믿으면 입으로 고백이 나올 수밖에 없다는 뜻입니다. 어떻게 이런 고백이 가능합니까? 우리는 믿음으로 죽음 이후의 삶을 꿰뚫어 봅니다. 우리의 혈통이나 육정이나 사람의 능력, 지식에서 온 것이 아니라 우리 안에 거하시는 성령이 우리로 믿게 하시는 것입니다.

요한복음 14장 17절에서 세상은 능히 성령을 받지 못한다고 했습니다. 왜냐하면 세상은 성령을 보지도 못하고 알지도 못하기 때문입니다. 세상은 성령을 볼 수도 없고 알 수도 없지만 제자들은 성령을 안다고 말씀하심으로써 세상과 제자를 분리시켰습니다. 성령이 들어온 사람과 성령이 들어오지 않은 사람을 분리시키는 것입니다. 그렇기 때문에 영의 일은 오직 영으로만 분별됩니다. 세상의 이치나 사고방식으로 아무리 보려고 해도 볼 수 없고, 과학으로 성령을 아무리 찾으려 해도 성령이 어디 있는지 찾을 수 없습니다.

그런데 이런 성령을 믿는다고 우리는 고백합니다. 바로 성령이 우리 믿는 자들 안에 계시기 때문에 '성령을 믿사오며'라고 고백하는 것입니다.

개신교 신도인 프로테스탄트(Protestant)는 '로마 가톨릭의 비

진리(非眞理)에 항거하는 사람'이란 뜻으로 1517년 마르틴 루터에서 비롯된 종교개혁을 따르는 자입니다. 프로테스탄트의 특징 중 하나가 분명한 신앙고백입니다. 때문에 신앙을 고백하지 않는 감춰진 그리스도인이나 이름 없는 그리스도인은 개신교 신자가 아닙니다.

베드로의 고백, 즉 "주는 그리스도시요 살아계신 하나님의 아들이시니이다"(마 16:16)와 같은 고백이 우리의 입술을 통해서 터져 나와야 합니다. 성령은 우리가 이러한 고백을 할 수 있도록 하십니다. 이런 신앙고백이 가능하도록 우리를 도우실 뿐만 아니라, 우리의 신앙고백의 대상이 되시기도 합니다.

신앙고백에서 중요한 것은 신앙고백의 암기 여부가 아닙니다. 신앙고백의 내용을 알고 믿고 고백하는가가 중요합니다. 우리는 예배드릴 때 사도신경으로 하나님 앞에서 믿음을 고백합니다. 사도신경은 사도들로부터 유래한 믿음의 고백이라는 뜻입니다. 우리는 사도신경을 매주 그저 무의미하게 암송할 때가 많습니다. 그러나 이것은 자신의 목숨을 거는 신앙의 행위로서의 고백입니다. 바른 고백을 하기 위해서는 우리가 믿은 내용을 바로 알아야 합니다. 사도신경에는 '믿는다.'라는 말이 네 번 나옵니다.

첫 번째는 '하나님 아버지를 내가 믿사오며'입니다. 즉 하나님 아버지는 전능하신 하나님이시고 천지를 창조하신 하나님이시라는 것을 믿는다는 것입니다.

두 번째는 '그 외아들 우리 주 예수 그리스도를 믿사오니'입니다. 예수님이 우리의 구원자 되심을 믿는다는 고백입니다.

세 번째는 '성령을 믿사오며'입니다. 성령의 무엇을 믿는다는 말입니까? 성령 자체를 믿는다는 말입니까? 아니면 성령이 주시는 어떤 능력을 믿는다는 말입니까?

성령을 믿기 위해선 먼저 성령이 누구시며 어떤 일을 하시는가를 바로 알아야 합니다. 알아야 믿습니다. 모르고는 믿을 수가 없습니다. 모르고 믿는다면 그것은 믿음이 아닙니다. 모르고 믿는 것을 '맹신'이라고 하고 열정적으로 믿는 것을 '광신'이라고 합니다. 맹신이나 광신은 믿음이 아닙니다. 그저 정신적인 현상에 불과합니다. 따라서 성령을 믿는다고 고백하려면 성령을 바로 알아야 합니다.

사도행전에 나오는 방언과 이적의 기사만 읽고 의미도 알지 못한 채 그저 그러한 현상이 나타난다는 곳들만 좇아 이리 저리 몰려다니는 이들이 있습니다. 그래서는 성령을 바로 알 수 없습니다. 때문에 성령의 나타나심과 능력을 다루기 전에 먼저 성령의 근원과 사역을 철저히 다뤄야 합니다.

'성령을 믿사오며'라고 고백한다면 먼저 성령이 누구시며 어떤 일을 하시는 분이신지를 분명히 배워야 합니다. 오직 성경을 통해서 성령에 대해 배우고 익히면 그것은 우리에게 믿음의 힘이 되고 기쁨이 될 것입니다. 이제부터 성령이 누구시며, 또 우리를 위하여 어떤 일을 하시는지를 성경의 진리를 통하여 살펴보겠습니다.

2부

성령은 누구신가

5장

성령은 하나님이시다

"우리가 세상의 영을 받지 아니하고 오직 하나님으로부터 온 영을 받았으니 이는 우리로 하여금 하나님께서 우리에게 은혜로 주신 것들을 알게 하려 하심이라 우리가 이것을 말하거니와 사람의 지혜가 가르친 말로 아니하고 오직 성령께서 가르치신 것으로 하니 영적인 일은 영적인 것으로 분별하느니라 육에 속한 사람은 하나님의 성령의 일들을 받지 아니하나니 이는 그것들이 그에게는 어리석게 보임이요, 또 그는 그것들을 알 수도 없나니 그러한 일은 영적으로 분별되기 때문이라"(고전 2:12-14).

바울이 고린도교회에 보낸 편지는 오늘날에도 성령이 누구신지를 바르게 이해하는 데 대단히 중요합니다. 이 편지에는 그리스도인이 세상의 영을 받지 아니하고 하나님께로부터 온 영, 즉 성령을 받은 목적이 분명하게 드러납니다. 하나님은 우리에게 은혜로 주신 것들을 알게 하기 위해 성령을 주셨습니다. 하나님이 주신 은혜를 알아야 합니다. 그리스도인에게는 아는 것이 힘입니다. 즉 믿음의 힘이 있어야 합니다. 믿음의 힘은 우리가 얼마만큼 하나님과 하나님이 우리에게 주신 은혜를 아느냐에 정비례합니다.

한국교회는 지난 수십 년간 세계가 부러워할 만한 외적 성장을 이루었습니다. 그러나 어찌된 일인지 자신이 그리스도인이라고 말하면서도 하나님이 우리에게 주신 은혜가 무엇인지 잘 모를 뿐만 아니라 알려고도 하지 않습니다.

왜 그렇습니까? 성령에 대한 무지 때문입니다. 하나님이 우리에게 은혜로 주신 것들을 바로 알기 위해서는 하나님으로부터 온 영이신 성령을 통하여 영적인 것과 육적인 것을 잘 분별해야 하는데 그렇지 못합니다. 육에 속한 세상의 영으로 성령의 일들을 받으려 하기 때문입니다. 그리스도인에게 성령에 대한 무지는 자신의 영혼을 망하게 하는 죄입니다.

"내 백성이 지식이 없으므로 망하는도다 네가 지식을 버렸으니 나도 너를 버려 내 제사장이 되지 못하게 할 것이요"(호 4:6).

이 구절은 호세아 선지자를 통해 당시 하나님의 백성인 이스라엘을 향하여 외치는 소리입니다. 이방인도 아닌 하나님의 백성이 '망한다.'(destroy)고 했습니다. 왜 망합니까? 지식이 부족하기 때문입니다. 한글성경에는 지식이 없으므로 망한다고 했지만 보다 정확히 말하자면 지식의 부족(lack of knowledge)으로 망하는 것입니다.

오늘날도 자신이 그리스도인이라고 하면서도 성령에 무지하거나 지식이 부족하여 영혼이 망해가는 사람들이 많습니다. 영혼이 망하지 않으려면 알아야 합니다. 오직 성경을 통하여 성령을 바르게 알아야 죽었던 영혼이 살고 또한 영적인 것과 육적인 것을 바로 분별할 수 있습니다. 무지와 지식의 부족에서 벗어나 바르게 성령을 이해하여 하나님이 우리에게 은혜로 주신 것들을 알고 또 알고 더 풍성히 알기를 바랍니다.

"내가 아버지께 구하겠으니 그가 또 다른 보혜사를 너희에게 주사 영원토록 너희와 함께 있게 하리니 그는 진리의 영이라 세상은 능히 그를 받지 못하나니 이는 그를 보지도 못하고 알지도 못함이라 그러나 너희는 그를 아나니 그는 너희와 함께 거하심이요 또 너희 속에 계시겠음이라"(요 14:16-17).

성령은 인격인가 물질인가?

여러분은 성령에 대하여 물을 때 "성령은 누구십니까?"라고 묻습니까 아니면 "성령은 무엇입니까?"라고 묻습니까? 이 질문은 매우 중요합니다. 왜냐하면 '성령은 인격인가 아니면 능력인가' 하는 문제와 일맥상통하기 때문입니다. 성령을 이해하는 데 가장 중요한 증거는 성경이므로 요한복음에 나타난 예수님의 말씀을 통해 이 질문에 대한 답을 찾아보겠습니다. 이 구절에서 예수님은 그가 보내실 또 다른 보혜사인 성령을 '그것'이라고 하지 않고 '그가, 그를, 그는'이라는 인칭대명사를 쓰고 있음에 주목해야 합니다. 예수님이 성령에 인칭대명사를 사용하신 것은 요한복음의 다른 구절에도 나타납니다.

"보혜사 곧 아버지께서 내 이름으로 보내실 성령 그가 너희에게 모든 것을 가르치고 내가 너희에게 말한 모든 것을 생각나게 하리라"(요 14:26).

"내가 아버지께로부터 너희에게 보낼 보혜사 곧 아버지께로부터 나오시는 진리의 성령이 오실 때에 그가 나를 증언하실 것이요"(요 15:26).

"내가 떠나가지 아니하면 보혜사가 너희에게로 오시지 아니할 것이요 가면 내가 그를 너희에게로 보내리니 그가 와서 죄에 대하여, 의에 대하여, 심판에 대하여 세상을 책망하시리라"(요 16:7-8).

만일 성령이 인격적인 분이 아니라, 능력이나 물질이라면 예수님은 이 모든 구절에서 성령을 '그'(he)가 아니라 '그것'(it)이라고 칭했을 것입니다. 그러나 예수님은 성령을 남성인칭 대명사를 사용하여 '그'(he)라고 했습니다. 이는 성령이 비인격적인 능력이나 물질이 아닌 인격을 가지신 인격체라는 사실을 말해줍니다.

만일 성령이 어떤 능력이나 물질이라면 우리가 성령을 받아서 우리의 목적대로 사용할 수 있습니다. 그러나 성령이 인격이라면 성령이 우리 안에 들어오셔서 우리를 그분의 뜻대로 사용하십니다. 즉 우리가 성령의 쓰임을 받는 것입니다. 이 부분은 매우 중요합니다. 성령이 우리를 다스리는 인격인지, 아니면 우리 안에 들어와서 우리에게 능력을 주시는 힘의 차원인지를 바로 분별해야 합니다.

반드시 기억하기 바랍니다. 성경은 성령이 힘이나 능력 또는 물질이 아니라, 신성을 가지신 인격체라는 사실을 분명히 우리에게 알려주고 있습니다. 그래서 성경은 우리에게 성령을 믿으라고 명령합니다. 비인격적인 물질이나 능력은 믿음의 대상이 될 수 없습니다. 오직 인격체만 믿음의 대상이 됩니다.

우리가 믿을 때 성부와 성자와 성령의 이름으로 세례를 받습니다. 우리는 비인격체로부터 세례를 받지 않습니다. 또한 성령은 우리가 기도하는 대상입니다. 우리는 사물이나 어떤 능력에게 기도하지 않습니다. 만일 그렇게 한다면 그것은 우상숭배입니다. 우리는 오직 신성과 인격을 가지신 우리의 창조주시며 구원자시며 왕이시며 또한 우리 인생의 주가 되시는 삼위 하나님께만 기도할 뿐입니다.

성령은 신성과 인격을 가지신 분이기에 우리와 인격적인 관계를 맺습니다. 우리를 진리로 인도하시고, 구원에 대하여 가르치시며, 낙심했을 때 위로하시고, 어려움에 빠졌을 때 도와주시며, 죄를 범했을 때 책망하시고, 우리 삶에 하나님의 뜻을 계시하는 분이십니다.

성령은 이러한 일을 비인격체처럼 기계적으로 하시는 것이 아니라, 그분이 가지신 지성과 감정과 의지와 능력을 사용해서 하십니다. 이는 성령이 '그것'이 아니라 '그분'이라는 명백한 증거입니다. 성령 이해의 기초, 즉 성령은 물질이나 사물과 같은 비인격적인 존재가 아니라 인격을 가지신 분이라는 사실을 꼭 기억하기 바랍니다.

성령은 신적인 인격체, 즉 하나님이시다

성령은 인격체이실 뿐 아니라 신적(神的)인 인격체이십니다. 즉 하나님이십니다.

창세기 1장 26-27절은 하나님에 대하여 이렇게 말합니다.

"하나님이 이르시되 우리의 형상을 따라 우리의 모양대로 우리가 사람을 만들고."

하나님은 한 분이신데 여기서는 1인칭 단수 '나'가 아니라 1인칭 복수 '우리'로 표현되어 있습니다. 하나님은 한 분이시지만 삼위라는 특별한 존재양식을 가지고 계십니다. 성부, 성자, 성령이 한 하나님이십니다. 그것이 어떻게 가능합니까? 하나님은 인간이 아니라 신이십니다. 피조물인 우리 인간과는 그 존재양식이 다르십니다. 삼위일체는 하나님의 존재양식의 신비입니다. 하나님은 성부 하나님이시고, 예수님은 성자 하나님이시며, 성령은 보혜사 하나님으로서 인격적 성품을 가지신 하나님이십니다. 한 하나님이시면서 그 존재양식에 있어서 삼위의 구별(distinction)이 있습니다. 한 분 하나님이시며 삼위로 존재하시는 하나님을 믿는 것은 기독교 신앙의 핵심 교리입니다. 삼위일체 하나님을 부인하면 기독교 신앙의 기초가 무너지고 구원에 이르지 못합니다. 성령을 바로 이해하는 기초는 바로 성령이 하나님이시라는 사실입니다.

성령이 말씀하시다

성경은 성령이 인격체이실 뿐 아니라 신적인 인격체라는 사실을 계시합니다. 성경은 여러 구절에서 '하나님이 말씀하셨다.'는 표현과 '성령이 말씀하셨다.'는 표현을 교차하여 사용하고 있습니다. 이는 성령의 활동이 곧 하나님의 행동으로 일컬어지는 증거입니다.

이사야서 6장 9절에서 하나님은 이렇게 말씀하셨습니다.

"여호와께서 이르시되 가서 이 백성에게 이르기를."

바울은 사도행전 28장 25절에서 이 본문을 그대로 인용하여 이렇게 말합니다.

"바울이 한 말로 이르되 성령이 선지자 이사야를 통하여 너희 조상들에게 말씀하신 것이 옳도다."

이 본문에서 바울은 하나님의 말씀을 성령이 하신 말씀으로 돌립니다. 사도행전 13장 2절에서도 성령께서 여러 사람들 앞에서 말씀하시는 장면이 나옵니다.

"성령이 이르시되 내가 불러 시키는 일을 위하여 바나바와 사울을 따로 세우라 하시니."

'성령이 이르시되'(Holy Spirit said), 즉 하나님이 그의 백성들에게 말씀하시듯, 예수 그리스도가 제자들에게 말씀하시듯, 성령이 사람들에게 직접 말씀하십니다. 성령이 능력입니까? 바울과 바나바가 자신들이 원하는 대로 부릴 수 있는 능력입니까? 그렇지 않음을 사도행전뿐만 아니라 디모데전서도 보여주고 있습니다.

"그러나 성령이 밝히 말씀하시기를 후일에 어떤 사람들이 믿음에서 떠나 미혹하는 영과 귀신의 가르침을 따르리라 하셨으니" (딤전 4:1).

성령은 말씀하시는 분이십니다. 어떤 힘이나 능력이나 영향력은 인격적 존재가 아니기 때문에 말을 할 수가 없습니다. 말을 하는 능력은 지적이면서도 독립된 인격적인 존재가 가지는 특징입니다.

이곳뿐만 아닙니다. 성령이 하나님과 동일시되는 또 다른 중요한 구절이 있습니다. 사도행전 5장 3절과 4절을 보면 아나니아라는 사람이 성령을 속이고 자신이 판 땅 값에서 얼마를 감추었습니다. 이에 대하여 베드로가 이렇게 말합니다.

"어찌하여 이 일을 네 마음에 두었느냐 사람에게 거짓말한 것이 아니요 하나님께로다"(4절).

이 구절은 무엇을 보여줍니까? 성령께 거짓말한 것은 하나님께 거짓말한 것과 같다는 사실입니다. 성령을 속이거나 모독하는 죄는 곧 하나님을 속이거나 모독하는 죄와 같습니다. 절대로 용서받을 수 없는 죄로 간주됩니다. 그래서 아나니아가 베드로의 말을 듣자 그 자리에서 즉시 죽었던 것입니다.

만일 성령이 사물이나 능력이라면 어찌 비인격적인 존재를 인격이신 하나님과 동일시하겠습니까? 성령은 신적인 속성을 완전하게 소유하고 계신 하나님이십니다.

성령의 인격을 부인하는 자

그런데 성경에도 성령을 능력으로 아는 사람이 등장합니다. 사도행전 8장을 보면 빌립을 따라 다니며 성령을 돈으로 사려고 했던 시몬이라는 사람이 나옵니다. 시몬은 마술을 하는 사람이었습니다. 사마리아 사람들은 시몬이 큰 능력, 귀신의 힘을 빌려 행하는 것을 보고 하나님의 능력을 가진 자라고 이야기했습니다. 그러면서 모든 사람이 시몬의 말을 들었습니다. 그런데 빌립이 와서 예수 그리스도를 전하자 사람들이 그리로 가서 믿고 세례를 받는 것입니다. 그것을 보고 시몬이 빌립을 쫓아다니며 예수님을 믿고 세례를 받았습니다. 그리고 사도들에게 가서 돈을 주고 성령을 사겠다고 말합니다.

"시몬이 사도들의 안수로 성령받는 것을 보고 돈을 드려 이르되 이 권능을 내게도 주어 누구든지 내가 안수하는 사람은 성령을 받게 하여 주소서"(행 8:18-19).

이러한 시몬에게 베드로가 뭐라고 말합니까?

"베드로가 이르되 네가 하나님의 선물을 돈 주고 살 줄로 생각하였으니 네 은과 네가 함께 망할지어다 하나님 앞에서 네 마음이 바르지 못하니 이 도에는 네가 관계도 없고 분깃 될 것도 없느니라"(행 8:20-21).

베드로는 시몬의 마음에 악독이 가득하여 불의에 매인 바 되었다고 말합니다. 시몬은 세례를 받았으나 성령이 누군지 모르고 성령이 임하지 않았으므로 구원에 이르지 못하는 비극적인 인생의 결말을 맞게 됩니다. 시몬이 무슨 잘못을 범했습니까? 시몬은 성령을 능력으로 알았습니다. 자기가 간구해서 받을 수 있는 능력으로 안 것입니다.

성령은 우리 안에 들어와서 우리로 하여금 하나님 나라의 일을 하게 하시는 하나님이십니다. 하나님의 능력이나 힘이 아닙니다. 자기 자신의 유익과 목적을 이루기 위하여 성령을 받게 해달라고 간구하는 현대판 시몬과 같은 자들이 오늘날에도 많습니다. 이런 자들은 시몬처럼 하나님 나라를 유업으로 받을 수 없습니다.

다시 한 번 말씀드립니다. 성령은 그 어떤 힘이나 능력 또는 영향력이나 감화력 정도로 알아서는 안 됩니다. 성령은 신성과 인격을 가지신 존귀하신 제 삼위 하나님이십니다. 성령이 행하시는 모든 사역의 기초는 바로 '성령은 신성을 가지신 인격적 존재로서의 하나님이시다.'라는 사실에서 비롯됩니다.

이는 구원에도 대단히 중요합니다. 만일 우리가 성령의 신성과 인격체로서의 그분의 특성에 관한 성경의 가르침을 깨닫지 못한다면, 성령이 보혜사로서 우리에게 베푸시는 은혜를 의지하려는 마음도 포기해야 마땅합니다. 성령을 하나님으로 바로 알지 못한다면 구원을 받을 수 없습니다. 구원을 받기 위해서는 성령이 신성과 인격을 가지신 하나님이심을 믿어야 합니다. 이 진리가 바른 성령 이해의 기초임을 반드시 기억하기 바랍니다.

"나를 존중히 여기는 자를 내가 존중히 여기고 나를 멸시하는 자를 내가 경멸하리라"(삼상 2:30).

6장

성령은 보혜사이시다

"내가 아버지께 구하겠으니 그가 또 다른 보혜사를 너희에게 주사 영원토록 너희와 함께 있게 하리니 그는 진리의 영이라 세상은 능히 그를 받지 못하나니 이는 그를 보지도 못하고 알지도 못함이라 그러나 너희는 그를 아나니 그는 너희와 함께 거하심이요 또 너희 속에 계시겠음이라"(요 14:16-17).

예수님은 세상을 떠나 아버지께로 가면 그의 이름으로 성령을 보내실 것을 약속하시면서 그가 보내실 성령을 '보혜사'(保惠師)라 칭했습니다. 예수님은 성령을 왜 '보혜사'라 칭했습니까? '보혜사'라는 단어는 그가 하시는 사역적 특성을 나타내는 한자어(漢字語)로서 '우리를 보호하시고 우리에게 은혜를 베푸시고 진리로 우리를 가르치신다.'는 의미입니다. 보혜사의 헬라어는 '파라클레토스'(parakletos)인데 '곁에서'라는 의미의 '파라'(para)와 '부름을 받은 자'라는 의미의 '칼레오'(kaleo)의 합성어입니다. 즉 성령은 우리 곁에 서도록 부르심을 받은 분이십니다.

성령을 '보혜사'라 부르는 것은 성령이 하시는 일에 세 가지 중요한 의미가 있기 때문입니다.

첫째는 어떤 사람을 돕거나 변호하기 위해 부름을 받은 분이시라는 뜻입니다. 어떤 사람이 법적으로 곤경에 처해 있을 때 그 사람 곁에 서도록 부르심을 받아서 재판관 앞에서 그 사람을 변호해주는 변호사 역할을 하십니다.

둘째는 어떤 사람에게 힘이 되어 주는 분, 즉 위로자시라는 뜻입니다. 어떤 사람이 힘이 없고 연약하여 자기 스스로 일어설 수 없을 때 그 사람을 돕도록 부르심을 받아서 그의 곁에서 격려하고 도와주며 위로해주는 힘이 되는 위로자의 역할을 하십니다.

셋째는 목격자로서 증인의 역할을 하신다는 뜻입니다. 예수님이 사셨던 당시 문화에서 재판관은 고소를 당한 사람과 연고관계가 있는 사람을 증인으로 채택하여 그들의 증언을 듣고 진실을 분별했습니다. 어떤 의미에서 증인은 가장 신뢰가 가는 변호인이라 할 수 있습니다. 요한은 진리의 영이신 성령이 증인으로서 그리스도를 증거하신다는 사실을 밝혔습니다.

"내가 아버지께로부터 너희에게 보낼 보혜사 곧 아버지께로부터 나오시는 진리의 성령이 오실 때에 그가 나를 증언하실 것이요"(요 15:26).

성령은 예수님과 불가불 동반자 관계이시며 예수님의 모든 사역은 성령의 임재 아래에서 드러나고 성령은 오직 그리스도를 증거하는 증인이십니다. 따라서 성령은 그리스도의 영으로서 그를 소유한 자는 그리스도를 소유한 것이고, 그를 소유하지 못한 자는 그리스도를 소유하지 못한 것입니다. "누구든지 그리스도의 영이 없으면 그리스도의 사람이 아니"(롬 8:9)기 때문입니다.

그런데 여기서 한 가지 짚고 넘어가야 할 중요한 사실이 있습니다. 성령을 그냥 보혜사가 아니라 '또 다른 보혜사'(another counselor)라고 부른다는 것입니다. 예수님은 제자들에게 그가 아버지께로 가면 '또 다른 보혜사'를 보내겠다고 약속하셨습니다.

"내가 아버지께 구하겠으니 그가 또 다른 보혜사를 너희에게 주사 영원토록 너희와 함께 있게 하리니"(요 14:16).

왜 성령은 그냥 보혜사가 아니라 '또 다른 보혜사'입니까? 이것은 성령을 이해하는 데 대단히 중요합니다. '또 다른'이라는 단어는 헬라어로 '알로스'(allos)입니다. '알로스'란 단어는 '첫 번째 것과 똑같으나 다른 것'이라는 뜻입니다.

쉽게 말하자면, 우리가 무엇을 샀는데 포장에 흠집이 있으면 다시 그것을 산 가게로 가서 "이거 말고 다른 것 주세요."라고 말합니다. 그때 그 말이 뜻하는 바는 '같은 종류 중에서 다른 것'을 달라는 의미입니다. 즉 성령이 '또 다른 보혜사'라고 한 것은 성령이 첫 번째 보혜사와 정확히 똑같은 사역을 하나 존재의 특성이 다르다는 의미입니다. 다시 말해서, 성령은 첫 번째로 오신 보혜사가 아니라 두 번째 보혜사라는 의미입니다.

그렇다면 누가 첫 번째 보혜사이길래 예수님이 또 다른 보혜사로서 성령을 보내겠다고 말씀하시는 것일까요?

먼저 요한일서 2장 1절을 보겠습니다.

"나의 자녀들아 내가 이것을 너희에게 씀은 너희로 죄를 범하지 않게 하려 함이라 만일 누가 죄를 범하여도 아버지 앞에서 우리에게 대언자가 있으니 곧 의로우신 예수 그리스도시라."

이 구절에서 '대언자'는 보혜사와 같은 역할을 하시는 분이십니다. 즉 우리가 죄를 범하여 심판받으려고 재판관 앞에 섰을 때 우리 곁에 서서 우리를 변호하고 도와주시는 분으로서 변호사의 역할을 담당하는 분을 의미합니다. 다시 말해서 '대언자'와 '보혜사'는 같은 뜻입니다. 자, 그렇다면 첫 번째 보혜사는 누구십니까? 바로 예수 그리스도이십니다.

예수님의 사역에 항상 동행하셨던 성령이 이제는 두 번째 보혜사의 신분으로 제자들에게 오신 것입니다. 성령은 그리스도 안에서 이미 제자들과 함께 하셨고 이제는 이 땅에 오셔서 그리스도의 영으로서 제자들 안에 존재하는 것입니다. 그래서 예수님이 성령의 오심을 약속하시면서 이미 제자들이 성령을 알고 있다고 말씀하셨던 것입니다.

"그는 진리의 영이라 세상은 능히 그를 받지 못하나니 이는 그를 보지도 못하고 알지도 못함이라 그러나 너희는 그를 아나니 그는 너희와 함께 거하심이요 또 너희 속에 계시겠음이라"(요 14:17).

따라서 성령은 그냥 보혜사가 아니라 두 번째 보혜사이십니다. 예수님과 똑같은 구원사역을 하시나 그 존재양식이 다른 분이십니다. 우리에게 오셔서 우리 안에 거하심으로써 이 거친 세상에서 죄로부터 우리를 보호하시고, 우리에게 말씀과 성례를 통하여 은혜를 베푸시며, 진리의 영으로서 우리를 진리로 인도하시고 가르치시는 분이십니다.

라틴어로 보혜사를 '쿰 포르티스'(cum fortis)라 부르는데, '쿰'(cum)은 접두사로 '함께'(with)라는 뜻이고 '포르티스'(fortis)는 '요새'(fortification)를 의미합니다. 즉 성령은 사탄이 우리를 밤낮으로 참소하여 우리로 하여금 죄에 빠지게 할 때 우리와 함께 하여 우리 곁에 서서 우리를 지키고 또한 우리를 강하게 세우시는 굳건한 요새와 같은 분이십니다. 그 성령이 또 다른 보혜사로서 우리 안에 거하시고 있다는 사실을 잊지 말아야 합니다.

7장
성령은 진리의 영이시다

"내가 아버지께 구하겠으니 그가 또 다른 보혜사를 너희에게 주사 영원토록 너희와 함께 있게 하리니 그는 진리의 영이라 세상은 능히 그를 받지 못하나니 이는 그를 보지도 못하고 알지도 못함이라 그러나 너희는 그를 아나니 그는 너희와 함께 거하심이요 또 너희 속에 계시겠음이라"(요 14:16-17).

예수님은 성령을 진리의 영이라고 말씀하십니다. 왜 성령이 진리의 영입니까? 성령이 오셔서 하시는 사역 가운데 가장 중요한 일이 진리를 가르치시는 일입니다.

"보혜사 곧 아버지께서 내 이름으로 보내실 성령 그가 너희에게 모든 것을 가르치고 내가 너희에게 말한 모든 것을 생각나게 하리라"(요 14:26).

성령은 성경의 원저자이십니다. 성령은 성경의 원본에 영감(inspiration)을 불어넣어 완전무오한 하나님의 말씀이 되게 하셨습니다. 또한 우리가 성경을 읽을 때 우리에게 조명(illumination)의 은혜를 주셔서 성경말씀을 진리로 믿고 구원에 이르도록 인도하십니다. 이렇게 성령은 진리의 영으로서 항상 진리인 성경말씀과 함께 역사하십니다.

성령은 성경말씀과 구별되지만 말씀을 떠나거나 거스르지 아니하시고 항상 말씀과 더불어 역사하셔서 우리를 가르치고 인도하십니다. 어디로 인도하십니까? 예수님은 진리 가운데로 인도하신다고 말씀하셨습니다.

"그러나 진리의 성령이 오시면 그가 너희를 모든 진리 가운데로 인도하시리니 그가 스스로 말하지 않고 오직 들은 것을 말하며 장래 일을 너희에게 알리시리라"(요 16:13).

성령은 우리를 진리로 인도하셔서 구원하십니다. 예수님은 "사람이 물과 성령으로 나지 아니하면 하나님의 나라에 들어갈 수 없느니라"(요 3:5)고 말씀하셨습니다. 물은 우리가 받은 물세례를 말하지 않습니다. 왜냐하면 물세례로 우리가 구원 받는 것이 아니기 때문입니다. 물세례는 구원의 징표이지 구원의 방편이 될 수 없습니다.

그렇다면 물은 무엇을 의미합니까? 물은 깨끗하게 씻음을 의미하는 말로서 곧 말씀을 뜻합니다. 예수님도 제자들에게 "너희는 내가 일러준 말로 이미 깨끗하여졌"(요 15:3)다고 말씀하셨습니다. 또 바울도 "이는 곧 물로 씻어 말씀으로 깨끗하게 하사 거룩하게 하시고"(엡 5:26)라며 우리의 죄를 깨끗하게 씻는 기능으로서 물을 말씀과 동일하게 취급합니다.

따라서 물로 난다는 것은 곧 성경말씀으로 우리를 씻어 거듭나게 한다는 사실을 의미합니다. 우리는 물 **또는**(or) 성령으로 거듭나는 것이 아니라, 물과(and) 성령으로 거듭납니다. 성령은 항상 진리의 말씀과 함께 역사하며 이 둘은 불가분리(不可分離)의 관계입니다.

교회의 역사를 보면 교회와 성도를 감동시켰던 영이 모두 진리의 영이 아니었음을 알 수 있습니다. 너무나도 자주 거짓의 영, 미혹의 영이 진리의 영으로 가장하여 성도를 유혹하고 죄와 거짓에 빠지게 하였고 지금도 그렇게 하고 있습니다.

그래서 성경은 우리에게 영을 다 믿지 말고 그 영이 진리의

7장 성령은 진리의 영이시다

영인지 아닌지 시험해보라고 명령하고 있습니다.

"사랑하는 자들아 영을 다 믿지 말고 오직 영들이 하나님께 속하였나 분별하라 많은 거짓 선지자가 세상에 나왔음이라"(요일 4:1).

오늘날에도 수많은 거짓 목사들이 "성령 받아라!" 외치며 마치 자신들이 성령을 주게 할 수 있는 능력자인 것처럼 떠들곤 합니다.

거짓 선지자와 거짓 목사가 거짓된 이유는 명백합니다. 그들은 진리를 말하지 않고 거짓을 말합니다. 자신들이 마치 성령을 마음대로 부릴 수 있는 권위를 하나님으로부터 부여받은 것처럼 행동하는 것 자체가 그들이 거짓 목사라는 명백한 증거입니다. 그들은 자신들이 하나님의 영의 인도를 받는다고 주장하지만 실상은 거짓의 영, 미혹의 영의 인도를 받는 것입니다.

그렇다면 거짓 목사와 참 목사를 어떻게 구별할 수 있습니까? 만일 성령의 인도를 받았다고 말하면서도 성경과 다른 것을 가르치거나 또는 성경과 어긋나는 것을 가르친다면, 그는 분명히 거짓 영의 인도를 받는 거짓 목사입니다. 성령은 진리의 영이시기 때문에 진리인 성경과 모순되거나 어긋나지 않습니다. 성령은 오직 우리를 진리로 인도하고 진리로 가르치고 진리의 말씀으로 거룩하게 하십니다. 따라서 우리는 영들을 다 믿지 말고 성경을 잣대로 시험해야 합니다.

8장

성령은 거룩한 영이시다

"내가 거룩하니 너희도 거룩할지어다 하셨느니라"(벧전 1:16).

성령은 한자어입니다. 한자로 '성'(聖)은 '거룩'(Holy)하다는 뜻이고, '영'(靈)은 '영'(Spirit)을 의미합니다. 성경에서 성령(聖靈)은 하나님의 영, 진리의 영, 거룩한 영, 그리스도의 영으로 불립니다.

먼저 우리는 성령이라는 명칭에서 '영'(靈)이 무엇인지를 알아야 합니다. '영'이라는 명칭은 그의 성격과 실재를 나타낼 때에 사용됩니다. 성경이 말하는 '영'은 공기의 흐름, 바람, 숨 또는 호흡을 뜻하는 것으로서 눈에는 보이지 않으나 움직이는 실체를 말합니다. 공기나 바람이나 숨이 눈에 보입니까? 보이지 않습니다. 그러나 나뭇가지가 바람에 흩날리는 것을 통해서 공기와 바람이 있는 것이 증명됩니다. 마찬가지로 '영'도 보이지 않으나 실체가 있고 또 움직일 때 장소의 제약을 받지 않는 비물질적인 존재를 말합니다.

왜 우리는 성령을 하나님의 영이라 부릅니까?

하나님의 영이 처음 등장하는 성경 구절이 창세기 1장 2절입니다. "하나님의 영은 수면 위에 운행하시니라." 여기서 하나님은 히브리어로 '엘로힘'이라는 단어를 사용하는데 이 명칭은 복수형입니다. 성령을 하나님의 영이라 부르는 이유는 성령의 본질이 하나님과 같기 때문입니다. 하나님에게서 나오고 또 하나님으로부터 발하고 하나님의 보내심을 받고 하나님의 뜻을 수행하기에 성령을 하나님의 영이라 부릅니다.

성부, 성자, 성령이 하나이신 삼위 하나님이 다 거룩하신 분이신데 왜 우리는 특별히 성령을 칭할 때 '거룩한 영', 즉 성령이라고 부릅니까? 성령이 성부나 성자 하나님보다 좀 더 거룩한 분이라서 그러한 호칭을 붙이는 것이 아닙니다. 삼위 하나님의 구속 계획에서 성령의 독특한 사역적 특징 때문에 '거룩한'이라는 호칭을 성령에 붙이는 것입니다.

구원에서 성령이 하는 두 가지 독특한 사역은 '중생'과 '성화'입니다. 성령의 중생사역으로 성도가 거듭나고, 성화사역으로 성도가 거룩해집니다. 성령은 하나님의 영으로서 특별히 우리를 '거룩하게 하시는 분'이시기에 우리가 '거룩한 영'이라고 부르는 것입니다. 그분은 우리 안에서 역사하시어 우리를 그리스도의 온전한 형상에 이르게 하심으로써 그리스도께서 성취하신 구속사역을 우리에게 적용시키는 거룩하신 분이십니다.

구원의 목표는 죽어서 천국 가는 것보다는 하나님 앞에서와 이 세상 앞에서의 '거룩함'입니다. '거룩'이란 구분, 구별을 말합니다. 영어 의미로는 '분리'(setting apart)를 말합니다. 성령이 우리 안에 들어오면 우리의 삶은 '거룩', 즉 세상의 풍속과 사고방식과 행동양식으로부터 분리되기 시작합니다. 구원은 단번에 이루어지지만 거룩은 일평생을 두고 이루어가는 것입니다.

다시 말해서 사람이 참으로 구원받았는지를 판가름하는 증거가 바로 '거룩'입니다. 우리를 구원하실 때 성령께서 우리 안에 들어오셔서 '거룩'이라는 흔적을 남기십니다. '거룩'이라는 흔적은 우리가 세상에서 구원받았다는 증거임과 동시에 저 세상에서 완성될 우리 구원의 씨앗이라 할 수 있습니다.

거룩은 날마다 커져가는 특성이 있습니다. 그래서 예수님이 제자들에게 "내가 거룩하니 너희도 거룩할지어다"(벧전 1:16)라고 말씀하신 것입니다. 성령은 거룩하신 영입니다. 따라서 성령을 받았다고 말하면서도 이 세상에서 거룩을 사모하고 거룩을 추구하지 않는 사람은 성령을 받은 것이 아닙니다. 우리를 세상에서 부르시고 거듭나게 하신 하나님은 거룩하신 분이십니다. 그러므로 그 영을 받은 우리도 거룩해야 합니다. 베드로는 우리에게 거룩에 대하여 다음과 같이 권면합니다.

"오직 너희를 부르신 거룩한 이처럼 너희도 모든 행실에 거룩한 자가 되라 기록되었으되 내가 거룩하니 너희도 거룩할지어다 하셨느니라"(벧전 1:15-16).

성령은 우리 안에서 역사하셔서 우리를 거룩하게 하시는 영이십니다. 거룩함 없이는 천국에 갈 수도 없을 뿐 아니라, 주님도 볼 수 없다는 사실을 마음판에 새겨야 합니다.

9장

성령은 창조의 영이시다

"태초에 하나님이 천지를 창조하시니라 땅이 혼돈하고 공허하며 흑암이 깊음 위에 있고 하나님의 영은 수면 위에 운행하시니라" (창 1:1-2).

태초에 천지를 창조하신 하나님의 이름은 히브리어로 '엘로힘'(elohim)입니다. 우리말로 하나님은 '한 분'을 의미합니다. 그러나 히브리어 '엘로힘'은 단수가 아니라 복수명사입니다. 그래서 하나님이 인간을 창조하실 때 '내가'라고 하시지 않고 "우리의 형상을 따라 우리의 모양대로 우리가 사람을 만들고"(창 1:26)라고 하셨습니다. 따라서 천지를 창조하신 하나님의 이름이 '엘로힘'인 것은 하나님은 성부, 성자, 성령의 삼위일체 하나님이라는 사실을 나타냅니다.

운행하시는 성령

하나님이 천지를 창조하실 때부터 성령은 이미 하나님으로서 활동하셨습니다. 태초에 창조된 세계는 "땅이 혼돈하고 공허하며 흑암이 깊음 위에"(창 1:2) 있었습니다. 땅이 혼돈하다는 것은 최초의 세계가 정신없는 무질서의 세계라는 의미가 아니라, 아직 땅이 생명체가 살 수 있을 정도로 형성되지 않았다는 의미입니다. 또한 공허하다는 것은 지구가 아직 조화로운 모습을 갖추지 않았으므로 물과 땅 외에는 아무것도 없었다는 의미입니다. 즉 태초에 지구에는 물과 흙 이외에 아무것도 없었다는 것입니다. 그런데 이 때 하나님의 영이 나타나셔서 수면 위에 운행하십니다. "하나님의 영은 수면 위에 운행하시니라"(창 1:2). 하나님의 영, 즉 성령이 성경에 최초로 등장하는 구절입니다.

왜 하나님의 영이 나타났습니까? 운행을 하시려고 나타나셨습니다. 운행(hovering)이란 '날아다니다, 왔다갔다하다.'라는 의미입니다. 히브리어로는 '비둘기가 알을 품고 있다가 마침내 새끼가 알을 깨고 나오는 장면'을 묘사합니다. 즉 하나님이 하나님의 영을 운행하시게 함으로써 생명을 탄생시키는 일과 그 탄생된 생명에 창조의 질서를 부여하시는 역할을 성령께 맡기신 것입니다.

성령은 혼돈에서 질서를 끌어내셨고 공허를 채우신 분이십니다. 성령께서 수면 위에 운행하심으로 혼돈과 공허는 사라졌고 세상은 질서를 갖게 되었습니다. 이것이 창조할 때 있었던 하나님의 영, 즉 성령의 역할이었습니다.

시편 104편 30절은 천지를 창조하시고 섭리하시는 사역을 성령께 돌립니다.

"주의 영을 보내어 그들을 창조하사 지면을 새롭게 하시나이다."

조명하시는 성령

창조에 있어서 성령의 사역은 여기서 멈추는 것이 아니라 그 다음 사역으로 나아갑니다. 성령이 운행하기 시작하자 하나님께서 첫 번째 명령을 내리십니다.

"하나님이 이르시되 빛이 있으라 하시니 빛이 있었고"(창 1:3).

빛은 성령이 운행하시자 비로소 발하기 시작하였습니다.

빛은 무슨 역할을 합니까? 어둠을 밝힙니다. 빛이 없으면 어두워서 볼 수가 없습니다. 즉 빛은 조명의 역할을 합니다. 창조에 있어서 성령의 역할이 조명이었듯이 우리의 구속사역에서도 성령의 역할은 조명입니다. 성령은 신적 조명자이십니다. 어두운 하늘을 밝히셨던 성령은 죄로 인하여 어두워졌던 인간의 영혼에 빛을 주셔서 성경을 하나님의 말씀으로 깨닫고 믿도록 조명의 은혜를 베푸십니다.

생명을 주시는 성령

성령은 운행하시는 분이시며, 조명하시는 분이시며 또한 생명의 근원, 즉 생명을 주시는 분이십니다. 인간 창조 시 성령의 주도적인 역할이 나타납니다.

"여호와 하나님이 땅의 흙으로 사람을 지으시고 생기를 그 코에 불어넣으시니 사람이 생령이 되니라"(창 2:7).

하나님은 흙으로 사람의 육체를 만드셨습니다. 흙은 이 세상에서 가장 흔한 것입니다. 가장 흔한 먼지처럼 굴러다니는

흙으로 하나님은 감탄할 정도로 멋진 인간의 몸을 만드셨습니다. 그러므로 인간은 죽으면 누구나 흙으로 돌아가게 됩니다. 그러나 그것으로 끝나지 않습니다. 하나님은 인간의 코에 생기를 불어넣어 주셨습니다.

생기는 '생명의 호흡'(the breathe of life)입니다. 하나님이 아담의 육체 안에 하나님의 생기를 불어 넣으신 결과로 아담이 생명을 부여받고 생령이 되었습니다. 즉 살아있는 영(a living soul)을 가진 존재가 되었습니다. 그리하여 인간은 즉시 하나님과 교제하는 존재가 되었습니다. 인간은 영을 가짐으로써 천사들처럼 영적인 존재가 되었고 또한 육을 가짐으로써 동물들과 같은 육적인 존재가 되었습니다.

하나님이 아담을 영적인 존재로 만들기 위하여 그의 코에 불어 넣은 생기가 바로 생명을 주시는 성령이셨습니다. 욥도 성령을 그의 생명의 창조자로 보고 "하나님의 영이 나를 지으셨고 전능자의 기운이 나를 살리시느니라"(욥 33:4)고 고백했습니다. 이와 같이 사람은 성령에 의하여 조성되었고 온전한 생령으로 창조되었습니다.

성령은 생명에 능력을 주시는 분이십니다. 인간뿐 아니라 모든 피조세계에 살아있도록 생명력을 부여하십니다. 성령은 모든 생명을 발생시키는 능력인 동시에 영적인 생명의 근원이시며 또한 그 생명을 발생시키는 영이십니다. 성령은 세상에 질서를 부여하시고 어둠을 밝히시고 또한 생명을 주시는 분으로서 창조의 영이십니다.

10장

성령은 새 창조의 영이시다

"예수께서 대답하시되 진실로 진실로 네게 이르노니 사람이 물과 성령으로 나지 아니하면 하나님의 나라에 들어갈 수 없느니라 육으로 난 것은 육이요 영으로 난 것은 영이니"(요 3:5-6).

처음 태어나는 창조와 다시 태어나는 새 창조, 즉 중생(born again)은 성령의 역사입니다. 성령의 역사를 떠나서 하나님 앞에서 살 수 있는 사람은 아무도 없습니다. 예수님은 니고데모와의 대화에서 중생은 언제나 성령의 사역이라고 가르치십니다.

"예수께서 대답하여 이르시되 진실로 진실로 네게 이르노니 사람이 거듭나지 아니하면 하나님의 나라를 볼 수 없느니라"(요 3:3).

거듭남은 '새 창조' 또는 두 번째 창조라 해서 '재창조'라 부르기도 합니다. 왜 사람은 반드시 거듭나야 합니까? 거듭나지 아니하면 하나님의 나라를 볼 수도, 들어갈 수도 없기 때문입니다. 거듭나지 않은 사람들에게 하나님의 나라가 보이지 않는 것은 그 나라 자체가 눈에 보이지 않기 때문이 아니라, 영적으로 죽은 사람들은 영의 눈이 멀어 있기 때문입니다.

"이 세상의 신이 믿지 아니하는 자들의 마음을 혼미하게 하여 그리스도의 영광의 복음의 광채가 비치지 못하게 함이니"(고후 4:4).

이 세상 신, 즉 사탄이 거듭나지 않은 사람들의 마음에 어두움의 커튼을 쳐서 하나님 나라를 볼 수 없게 한 것입니다. 따라서 거듭나야만, 즉 중생해야만 다른 말로는 새롭게 창조되어야만 하나님의 나라를 볼 수도 있고 또한 들어갈 수도 있습니다. 거듭나는 것이 어찌 가능하느냐는 니고데모의 반응에 예수님은 거듭나는 방법에 대하여 이렇게 말씀하셨습니다.

"예수께서 대답하시되 진실로 진실로 네게 이르노니 사람이 물과 성령으로 나지 아니하면 하나님의 나라에 들어갈 수 없느니라 육으로 난 것은 육이요 영으로 난 것은 영이니"(요 3:5-6).

무엇이 거듭남입니까? 영으로 나는 것, 즉 성령으로 새롭게 나는 것입니다. 성령은 창조의 영이신 동시에 중생시키시는 영, 즉 새 창조의 주역이십니다. 성령은 살리는 영으로서 하나님의 호흡, 즉 숨입니다. 하나님의 생기가 육체 안에 들어와 비로소 사람이 살아 있는 존재가 된 것입니다.

그러나 아담과 하와가 사탄의 말에 순종하여 선악과를 따먹자 그들 안에 있던 생기가 죽었습니다. 숨이 끊어진 것입니다. 하나님과 교제하며 영원히 살 수 있는 존재에서 하나님과의 교제가 끊긴 채 죄와 사망의 권세 아래에서 죽을 수밖에 없는 존재가 되었습니다. 영이 죽은 것입니다.

성령으로 거듭난다는 것은 다시 하나님의 생기가 우리 안에 들어오는 것을 의미합니다. 그래서 우리를 하나님이 주시는 영생을 가진 존재, 즉 하나님과의 영적 교제가 회복된 존재로 다시 만드는 것입니다. 이렇게 하시는 분이 바로 하나님의 생기인 성령이십니다. 바울은 "예수를 죽은 자 가운데서 살리신 이의 영이 너희 안에 거하시면 그리스도 예수를 죽은 자 가운데서 살리신 이가 너희 안에 거하시는 그의 영으로 말미암아 너희 죽을 몸도 살리시리라"(롬 8:11)고 말했습니다.

성령은 우리의 죽은 영혼을 다시 살리는 새 창조의 영이십니다. 따라서 사람이 거듭나기 위해서는 반드시 살리는 영이신 성령이 그 안에 들어와야 합니다. 성령이 우리 안에 들어오시면 "친히 우리의 영과 더불어 우리가 하나님의 자녀인 것을 증언"(롬 8:16)하십니다. 따라서 중생은 세례로 되는 것도 아니고, 도덕적인 면에서 삶을 개선한다고 되는 것도 아닙니다. 중생은 오직 새 창조의 영이신 성령이 우리 안에 들어오실 때 발생하는 성령의 산물입니다. 따라서 예수 그리스도 안에서 성령으로 난 사람만이 새로운 피조물이 됩니다.

"그런즉 누구든지 그리스도 안에 있으면 새로운 피조물이라 이전 것은 지나갔으니 보라 새 것이 되었도다"(고후 5:17).

성령이 살리신 사람들은 생명에 이르게 되고 영생을 소유하게 됩니다. 이 세상에 살지만 하나님의 나라를 사모하고 보고 마침내 넉넉히 들어가게 됩니다.

중생케 하시는 분은 성령이십니다. 성령이 이 중생이라는 선물의 수여자이십니다. 성령은 우리가 죽었을 때 우리를 그리스도와 함께, 그리스도에게로, 그리고 그리스도 안에 살게 하시는 생명의 영, 새 창조의 영이십니다. 따라서 성령으로 중생한 사람은 영적으로 새롭게 창조된 사람입니다.

3부
성령 사역을 바로 알라

11장

성령의 내주는 느낌인가

"내가 이스라엘 집과 맺을 언약은 이러하니 곧 내가 나의 법을 그들의 속에 두며 그들의 마음에 기록하여 나는 그들의 하나님이 되고 그들은 내 백성이 될 것이라"(렘 31:33).

"또 내 영을 저희 속에 두어 너희로 내 율례를 행하게 하리니"(겔 36:27).

성령의 내주(內住, indwelling)란 성령의 첫 번째 약속으로, 믿는 사람들 안에 성령이 들어오셔서 거주하신다는 의미입니다. 이 약속을 새 언약이라 부르는데 특히 예레미야 선지자와 에스겔 선지자를 통하여 분명히 말씀하셨으며 또한 이를 예수님이 직접 제자들에게도 말씀해주셨습니다.

"내가 아버지께 구하겠으니 그가 또 다른 보혜사를 너희에게 주사 영원토록 너희와 함께 있게 하리니 그는 진리의 영이라 세상은 능히 그를 받지 못하나니 이는 그를 보지도 못하고 알지도 못함이라 그러나 너희는 그를 아나니 그는 너희와 함께 거하심이요 또 너희 속에 계시겠음이라"(요 14:16-17).

성령이 우리 안에 계심을 확신할 수 있는 네 가지 선언을 성경에서 찾아보겠습니다.
첫 번째 선언은 로마서 8장과 유다서 1장에서 볼 수 있습니다.

"육신에 있는 자들은 하나님을 기쁘시게 할 수 없느니라 만일 너희 속에 하나님의 영이 거하시면 너희가 육신에 있지 아니하고 영에 있나니 누구든지 그리스도의 영이 없으면 그리스도의 사람이 아니라"(롬 8:8-9).

"그들이 너희에게 말하기를 마지막 때에 자기의 경건하지 않은 정욕대로 행하며 조롱하는 자들이 있으리라 하였나니 이 사람들은 분열을 일으키는 자며 육에 속한 자며 성령이 없는 자니라"(유 1:18-19).

그리스도의 성령이 우리 안에 있으면 예수 그리스도를 마음으로 믿고 입으로 시인하여 그분이 나의 주시고 구원자이심을 고백하는 역사가 일어납니다. 그리고 그렇게 고백하는 사람들 안에는 성령이 있음을 확신해야 합니다. 이것이 첫 번째 선언입니다.

다음 두 번째 선언은 고린도전서에 있는 말씀입니다.

"그러므로 내가 너희에게 알리노니 하나님의 영으로 말하는 자는 누구든지 예수를 저주할 자라 하지 아니하고 또 성령으로 아니하고는 누구든지 예수를 주시라 할 수 없느니라"(고전 12: 3).

하나님의 영이 있는 사람은 믿음이 없는 것처럼 보일지라도 예수를 주라 고백합니다. 그리고 예수가 자신의 죄 때문이 아니라 죄인을 대신해서 죽은 것이라고 말합니다. 의심이 있는 연약한 믿음이어도 예수가 하나님이라고 고백한다면 이는 우리 안에 계신 성령이 하게 하신 것입니다. 성령으로 말미암지 않고는 그 누구도 예수를 주라 시인할 수 없습니다. 세상적인 지식은 부족해도 예수를 주로 시인하는 믿음이 있다면 이러한 고백이 터져 나옵니다. 다른 것으로 자랑하는 고백이 아니라 믿음을 주신 하나님의 은혜를 자랑하는 고백을 하게 됩니다.

세 번째 선언을 살펴보기 위해서 로마서 8장으로 돌아가겠습니다.

> "너희는 다시 무서워하는 종의 영을 받지 아니하고 양자의 영을 받았으므로 우리가 아빠 아버지라고 부르짖느니라"(롬 8:15).

즉 성령의 내주하심이 없으면 우리는 하나님을 아버지라 부를 수 없습니다. 우리는 기도할 때 하나님 아버지라고 부릅니다. 이는 성령이 우리 안에 거하시고 하나님을 아버지로 알게 하셨기 때문에 우리가 고백하게 되는 것입니다. 단순해 보여도 이것이 마음 가운데 성령이 계시다는 확신의 증거가 됩니다.

네 번째 선언은 요한복음 3장에서 살펴보겠습니다. 우리가 잘 아는 니고데모와 예수님의 대화입니다.

> "예수께서 대답하시되 진실로 진실로 네게 이르노니 사람이 물과 성령으로 나지 아니하면 하나님의 나라에 들어갈 수 없느니라"(요 3:5).

이 말씀은 성령의 내주하심이 없으면 거듭날 수 없음을 말해줍니다. 여기에서 물은 말씀을 의미합니다. 성령은 성경 말씀을 떠나서는 역사하지 않으십니다. 성령은 말씀을 통해서만 역사하십니다. 성령의 내주, 즉 우리 안에 거하심이 없으면 누구든지 거듭날 수도 없고 하나님 나라에 들어갈 수도 없습니다.

성령의 내주하심의 목적

그렇다면 성령이 우리 안에 들어오셔서 거하시는 목적이 무엇입니까? 바로 구원의 확실성 때문입니다. 성령은 우리가 받은 구원이 영원히 안전하고 확실하다는 사실을 알리기 위하여 우리 안에 들어와서 우리와 함께 거하시는 것입니다. 그러면 그 구원이 얼마나 확실한지 고린도후서 1장을 통해 보겠습니다.

"그가 또한 우리에게 인치시고 보증으로 우리 마음에 성령을 주셨느니라"(고후 1:22).

이 본문은 성령이 우리 안에 들어오시는 중요한 목적 두 가지를 알려줍니다.

첫째는 인치심입니다. 인은 도장을 말하는데, 도장을 찍는 것은 무엇을 의미합니까? 내 것이라는 의미입니다. 이처럼 성령은 우리 안에 들어와 우리의 구원을 확신하게 하는 우리의 도장이 되십니다. 나의 소유권은 나에게 있는 것이 아니라 하나님 아버지께 속해 있다는 것을 성령이 들어와 인치시는 것입니다. 도장을 찍으셨기 때문에 그 누구도 우리를 하나님의 사랑에서 빼앗을 수 없습니다.

두 번째는 보증입니다. 성령은 우리 미래의 구원을 보장하기 위해서 보증이 되어주셨습니다. 성령은 현재의 나를 지켜주시고 미래에도 내가 하나님의 것임을 지켜주기 위해서 성령이 우리 안에 들어오시는 것입니다. 이렇게 들어오신 성령은 영원히 우리 안에 거하신다고 하셨습니다.

우리는 우리 안에 성령이 확실히 내주하심을 믿어야 합니다. 또한 성령이 우리를 인치셨고, 우리의 보증이 되셔서 우리를 하나님의 굳건한 오른팔로 지키시므로 우리가 받은 구원은 영원히 안전하고 확실하다는 사실을 믿어야 합니다. 과거한 시점에서 우리를 하나님의 것으로 드린 우리는 마음을 새롭게 함으로 계속해서 변화를 받아 하나님의 영광을 위해 살아가는, 성령이 내주하는 존재임을 잊지 않아야 합니다.

12장

기름 부음은 체험인가

"너희는 주께 받은 바 기름 부음이 너희 안에 거하나니 아무도 너희를 가르칠 필요가 없고 오직 그의 기름 부음이 모든 것을 너희에게 가르치며 또 참되고 거짓이 없으니 너희를 가르치신 그대로 주 안에 거하라"(요일 2:27).

성령을 공부할 때 그 의미 파악에 아주 세심한 주의를 기울여야 하는 주제가 있는데 바로 기름 부음에 대한 이해입니다. 왜냐하면 수많은 목회자가 성도들에게 그 의미를 정확하게 가르쳐주지도 않았을 뿐만 아니라 가르쳐도 잘못된 해석으로 가르쳐서 혼란을 주기 때문입니다. 어떤 목회자는 구원받은 이후 반드시 성령의 기름 부음을 받아야 한다거나 성령의 기름 부음이 어떤 특정한 사람을 위한 특별한 은사인 양 가르치곤 합니다. 또한 자신이 구원받았음에도 불구하고 여전히 기름 부음이 무엇을 의미하는지 잘 모르는 성도도 많습니다.

구원받은 성도가 구원 이후의 체험으로 기름 부음을 또 받아야 합니까? 도대체 기름 부음이란 무엇을 의미합니까? 어떤 사람의 자의적 경험으로 하는 간증을 듣거나 일부 목회자의 잘못된 가르침을 그대로 받아들이지 말고 성경을 통해 기름 부음의 진정한 의미를 배워야 합니다. 그래야 바른 진리 안에 거할 수 있습니다. 바른 진리 안에 거해야 받은 구원이 분명하고 안전합니다.

기름 부음의 의미를 바로 알기 위해서는 다음의 두 가지 질문에 직면해야 합니다. 첫 번째 질문은 성도가 누구에게서 기름 부음을 받는가?, 다시 말하면 '기름을 부어주시는 분은 누구신가?'입니다. 두 번째 질문은 '기름 부음은 무엇을 의미하는가?'입니다.

먼저, 첫 번째 질문에 답하기 위해 요한일서 2장 20절을 보겠습니다. 이 구절이 기름 부음을 바로 이해하는 초석입니다.

"너희는 거룩하신 자에게서 기름 부음을 받고 모든 것을 아느니라."

기름 부음을 주시는 분이 누구라고 합니까? 거룩하신 자입니다. 거룩하신 자가 성도들에게 기름 부음을 주신다고 말합니다. 즉 성도들이란 거룩하신 자로부터 기름 부음을 받은 자들입니다.

그렇다면 거룩한 자는 누구입니까? 거룩한 자는 구약성경에서 유래된 용어입니다. 구약시대에는 하나님께 헌신한 왕, 제사장, 선지자와 하나님께 바쳐진 성소, 제단, 예배에 사용되는 모든 기구 위에 기름을 부었습니다. 거룩한 것, 구별된 것에 기름을 붓는 행위는 장차 오실 분의 전형적인 예표였습니다.

이 예표는 예수 그리스도가 하나님께 바쳐진 분으로 인간의 몸을 입으시고 세상에 오심으로써 완전히 성취되었습니다. 예수님이 가장 거룩한 분이시고 모든 거룩한 것의 근원이시기에 '기름 부음을 받은 자'(the anointed One)라 했습니다. 구약성경에서는 메시아(Messiah)이고 신약성경에서는 그리스도(Christ)라는 호칭이 바로 기름 부음을 받은 자입니다.

모든 성도는 성령에 의하여 기름 부음을 받는 것이 아니라 바로 '거룩한 자'이신 예수님으로부터 직접 기름 부음을 받습니다. 따라서 목회자가 성령을 강조하면서 "성령의 기름 부음을 받아라!"고 외친다고 기름이 부어지는 것이 아닙니다. '성령의 기름 부음'이란 문구는 성경을 잘못 해석한 것으로서 사용할 수 없는, 사용해서도 안 되는 문구입니다. 왜냐하면 성도에게 기름을 부어주시는 분은 성령이 아니라 바로 예수님이시기 때문입니다. 구원에 이르는 믿음이란 바로 알고 바로 믿는, 진리를 믿는 믿음입니다. 모르고 믿거나 어렴풋이 알고 믿거나 잘못 믿는 것은 믿음이 아니라 맹신이며, 맹신은 대부분 광신으로 이어지고 둘 다 결국 불신, 즉 믿지 않는 것을 의미합니다.

이제 두 번째 질문, '기름 부음이 무엇을 의미합니까?'에 대한 답을 찾기 위해 요한의 증언을 들어보겠습니다.

"너희는 주께 받은 바 기름 부음이 너희 안에 거하나니 아무도 너희를 가르칠 필요가 없고 오직 그의 기름 부음이 모든 것을 너희에게 가르치며 또 참되고 거짓이 없으니 너희를 가르치신 그대로 주 안에 거하라"(요일 2:27).

이 구절과 함께 기름 부음의 목적을 알기 위해서 요한이 쓴 복음서를 보겠습니다.

"보혜사 곧 아버지께서 내 이름으로 보내실 성령 그가 너희에게 모든 것을 가르치고 내가 너희에게 말한 모든 것을 생각나게 하리라"(요 14:26).

요한일서 2장 27절과 요한복음 14장 26절을 연결시키면 '**성령=기름 부음**'이라는 사실을 알게 됩니다. 성령이 우리 안에 들어오시는 것을 기름 부음이라 표현한 것입니다. 예수님이 성도들에게 기름을 부어주시는, 즉 성령을 주시는 첫 번째 목적은 성도들에게 '모든 것'을 가르치기 위함입니다. 이는 요한복음 16장 13절에도 분명히 드러나 있습니다.

"그러나 진리의 성령이 오시면 그가 너희를 모든 진리 가운데로
인도하시리니 그가 스스로 말하지 않고 오직 들은 것을 말하며
장래 일을 너희에게 알리시리라."

성령이 가르치시는 '모든 것'은 바로 '모든 진리'를 말합니다. 성령이 들어오시면 우리 마음의 눈을 열어 주셔서 성경 말씀을 깨닫게 해주십니다. 성경이 말하는 모든 것을 진리로 받아들이게 됩니다. 이러한 가르침은 육신으로나 혈통으로나 또는 이 세상의 그 어떤 지식을 통해서도 절대로 배울 수 없는 지식입니다. 오직 성령이 우리 안에 들어오셔서 우리를 가르

쳐주시고 진리 가운데로 인도해주실 때에만 가능한 사건입니다. 성령은 진리의 영이시기에 그렇습니다.

예수님이 성도들에게 성령을 주시는 두 번째 목적은 성도들을 왕과 제사장으로 삼으시기 위함입니다. 구약시대에는 하나님이 거룩한 목적으로 사용하시려고 특별히 구별하신 왕과 제사장의 머리에 기름을 부었습니다. 이제는 가장 거룩하시고 모든 거룩한 것의 원천과 근원되시는 예수님이 성령을 보내심으로써 우리에게 기름을 부으시는 것은 우리에게 구별된 왕과 제사장과 선지자의 직분을 주시기 위함입니다.

"그러나 너희는 택하신 족속이요 왕 같은 제사장들이요 거룩한 나라요 그의 소유가 된 백성이니 이는 너희를 어두운 데서 불러내어 그의 기이한 빛에 들어가게 하신 이의 아름다운 덕을 선포하게 하려 하심이라 너희가 전에는 백성이 아니더니 이제는 하나님의 백성이요 전에는 긍휼을 얻지 못하였더니 이제는 긍휼을 얻은 자니라"(벧전 2:9-10).

그러므로 성도는 기름 부음을 통하여 하나님과 특별한 관계를 맺게 됩니다. 성도들은 하나님께 특별히 선택된 자들, 구별된 자들, 헌신된 자들, 이미 거룩하다고 인정된 자들입니다. 예수님이 기름 부음을 받으셨기 때문에 모든 죄와 사망의 권세를 이기시고 승리하신 것같이 성령도 성도들에게 기름 부음이 되셔서 성도들로 하여금 모든 죄의 권세와 유혹을 물리치고 하나님의 거룩한 백성, 구별된 백성으로 살도록 도와주십니다.

성령은 우리에게 기름 부음을 주시는 분이 아닙니다. 예수님이 승천하셔서 우리에게 보내주신 또 다른 보혜사이신 성령은 기름 부음 그 자체입니다. 기름 부음은 성령이 우리에게 주시는 어떤 특별한 은사가 아니라, 우리 안에 거하시는 성령이 바로 기름 부음 그 자체라는 사실을 꼭 마음판에 새기기 바랍니다.

13장

인치심이란 무엇인가

"우리를 너희와 함께 그리스도 안에서 굳건하게 하시고 우리에게 기름을 부으신 이는 하나님이시니 그가 또한 우리에게 인치시고 보증으로 우리 마음에 성령을 주셨느니라"(고후 1:21-22).

성령은 성도가 받은 구원을 확증하고 또한 안전하게 보존하는데 이를 인치심(seal)이라고 합니다. 인(印)치심은 말 그대로 우리가 하나님의 소유임을 확증하는 구원역사로서 성령으로 우리 안에 구원의 도장을 찍는 것입니다.

성령으로 인치심을 받는다는 것은 성령이 우리를 인치는 주체가 아니라, 성령 스스로가 하나님의 도장이 된다는 의미입니다. 성령으로 우리가 하나님의 소유가 되는 것입니다. 그 증거로 우리 안에 들어오셔서 영원토록 우리 안에 거하십니다. 성령은 예수님을 자신의 주로 고백하는 모든 사람이 하나님의 백성이요 하나님의 소유라는 신분증이자 보증서입니다.

우리가 집을 살 때 등기권리증에 인감도장을 찍어야 비로소 그 집이 합법적으로 우리 소유가 되듯이 성령으로 인치심도 마찬가지입니다. 하나님이 성령이라는 하나님의 도장을 가지고 우리가 하나님의 소유라는 것을 확증하고 보증하기 위해 우리 마음 안에 도장을 찍는 것입니다. 소유권이전 등기처럼 인치심으로 우리는 세상 백성에서 하나님 백성이 됩니다. 즉 신분의 영적 변화가 일어납니다. 세상이 우리를 자신의 소유라고 주장하지 못하고 또한 죄와 죄의 값인 사망이 우리의 왕 노릇을 하지 못하게 되는 영적 변화입니다.

그렇다면 하나님은 언제 성령으로 우리를 인치십니까? 구원받은 때입니까? 아니면 구원 이후 어느 특정한 때입니까? 성령으로 인치심은 기름 부음과 마찬가지로 구원받은 이후에 특별히 체험하는 성령의 은사가 아니라, 구원과 동시에 이루어지는 성령의 역사입니다. 성령이 우리 안에 들어오심으로 일어나는 영적인 효과입니다. 따라서 인치심은 특별히 구별된 사람에게만 주어지는 은사가 아니라 모든 성도에게 일어나는 성령의 보편적 역사입니다.

"하나님의 성령을 근심하게 하지 말라 그 안에서 너희가 구원의 날까지 인치심을 받았느니라"(엡 4:30).

이 구절에서 '인치심을 받았느니라'(you were sealed)의 시제는 과거완료입니다. 과거완료는 인치심이 일어난 시점이 과거이며 또한 우리의 영과 혼과 몸의 완전한 구원이 성취되는 그날까지 우리는 이미 성령으로 인치심을 받았다는 사실을 나타냅니다. 인치심은 구원 이후의 특별한 체험으로 발생하는 것이 아니라, 구원받을 때 동시에 이루어지는 구원역사입니다.

그렇다면 누가 우리에게 인을 치십니까? 바로 하나님이십니다. 예수님을 인치신 분도 하나님이십니다.

"썩을 양식을 위하여 일하지 말고 영생하도록 있는 양식을 위하여 하라 이 양식은 인자가 너희에게 주리니 인자는 아버지 하나님께서 인치신 자니라"(요 6:27).

성령을 우리에게 부어 주신 분은 예수님이시고 성령으로 우리를 인치신 분은 하나님이십니다. 이 점을 분명히 해야 합니다. 성령으로 인쳐진 우리는 하나님께 기업을 받을 자격이 있는 상속자의 지위를 보장받았습니다.

"성령이 친히 우리의 영과 더불어 우리가 하나님의 자녀인 것을 증언하시나니 자녀이면 또한 상속자 곧 하나님의 상속자요 그리스도와 함께 한 상속자니"(롬 8:16-17).

그렇다면 하나님은 어떻게 성령으로 우리를 인치십니까? 또 우리가 인치심을 받았는지 어떻게 확신할 수 있습니까? 바울은 이에 대하여 다음과 같이 증언합니다.

"그 안에서 너희도 진리의 말씀 곧 너희의 구원의 복음을 듣고 그 안에서 또한 믿어 약속의 성령으로 인치심을 받았으니"(엡 1:13).

무엇이라고 말합니까? 우리가 진리의 말씀, 즉 구원의 복음을 듣고 믿을 때 성령으로 인치심을 받습니다. 인치심은 어떤 방법으로 우리에게 오는 것이 아니라, 오직 진리의 말씀을 듣고 믿을 때 우리에게 일어납니다. 즉 기름 부음과 마찬가지로 우리가 예수 그리스도를 우리의 주와 구원자로 믿을 때 즉시 성령으로 인치심이 우리 안에 발생합니다.

왜 하나님은 우리를 성령으로 인치십니까? 인치심의 목적으로 두 가지를 생각해볼 수 있습니다.

첫째, 인치심으로 성도의 행동과 의지가 안전한 보장을 받습니다.

인생을 살다 보면 때로는 유혹에 빠지기도 하고 죄를 짓기도 합니다. 그러나 궁극적으로는 성도의 영혼 속에 하나님의 약속들이 확고하게 성령의 도장으로 찍혀있기 때문에 성도는 안전하게 하나님의 나라에 이르게 됩니다.

둘째, 인치심으로 성도는 하나님의 보호를 받게 됩니다. 만일 우리에게 귀중한 보석이 있다면 우리는 그 보석을 잘 싼 후에 인봉하여 금고에 잘 넣어 둘 것입니다. 도둑으로부터 그것을 안전하게 지키기 위해서입니다. 마찬가지로 성령도 성도들의 삶과 영혼을 안전하게 지키고 보호하시기 위해 우리 안에 도장을 찍는 것입니다.

성도들은 구속의 날까지 인치심을 받았기 때문에 안전하게 보호를 받습니다. 그러므로 모든 성도, 즉 성령에 의하여 예수를 주라 시인하는 자는 모두 성령으로 인치심을 받았음을 꼭 기억하기 바랍니다. 하나님이 성령으로 우리를 인치심으로써 우리는 영원히 하나님의 소유라고 보증하고 확증하십니다. 따라서 우리는 하나님에 의해 성령이라는 도장이 찍혀진 하나님의 소유라는 사실과 또한 그 소유권을 하나님이 영원히 보증하신다는 사실을 믿고 확신해야 합니다. 모든 그리스도인이 구원의 날까지 성령으로 인쳐졌다는 흔들리지 않는 확신을 가져야 합니다.

14장

성령이 떠나실 수 있는가

"내가 아버지께 구하겠으니 그가 또 다른 보혜사를 너희에게 주사 영원토록 너희와 함께 있게 하시리니"(요 14:16).

성령이 떠나실 수 있습니까? 한 번 우리 안에 들어온 성령이 어떤 이유 때문에 떠나갈 수 있나요? 네. 어떤 사람들로부터는 떠나실 수 있습니다. 구약성경을 보면 성령께서 어떤 특정한 사람으로부터 떠나시는 장면이 나옵니다.

"여호와의 영이 사울에게서 떠나고"(삼상 16:14).

사울이 자신의 정욕 때문에 더는 하나님의 뜻을 따르지 않자 하나님은 그에게서 성령을 거두셨습니다. 다윗도 밧세바와 동침한 후 나단 선지자가 와서 그의 죄를 질책했을 때 자신의 죄를 고백하며 "나를 주 앞에서 쫓아내지 마시며 주의 성령을 내게서 거두지 마소서"(시 51:11)라고 기도했습니다.

성령이 떠나신다는 것은 이제는 성령이 그 사람 안에서 역사하지 않으신다는 의미입니다. 성령은 그 사람을 포기하시며 그들 마음의 정욕대로 내버려두십니다. 성령이 일시적으로나마 그들에게 주셨던 모든 은사는 곧 고갈되며 그들의 영혼은 시들어버립니다. 만일 그들이 성령의 떠나심에 분노하거나 성령을 멸시한다면 그들은 결코 돌이킬 수 없는 상황에 이르게 됩니다.

"한 번 빛을 받고 하늘의 은사를 맛보고 성령에 참여한 바 되고 하나님의 선한 말씀과 내세의 능력을 맛보고도 타락한 자들은 다시 새롭게 하여 회개하게 할 수 없나니"(히 6:4-6).

구약을 보면 특정한 사람들로부터 성령이 완전히 혹은 일시적으로 떠나십니다. 하나님이 성령을 거두어 가셨습니다.

그렇다면 구원받은 성도로부터도 성령이 완전히 떠나실 수 있습니까? 없습니다. 부분적으로나 일시적으로는 떠나실 수 있지만 완전히 떠나실 수는 없습니다. 왜냐하면 예수 그리스도의 구속사역을 통한 새 언약 안에서는 성령이 성도들과 함께 거하시고 또한 성도들 안에 계시기 때문입니다.

"그는 너희와 함께 거하심이요 또 너희 속에 계시겠음이라"(요 14:17).

이는 성경의 약속입니다. 성경의 약속은 그 어떤 이유로도 절대 변경될 수 없습니다.

"내가 아버지께 구하겠으니 그가 또 다른 보혜사를 너희에게 주사 영원토록 너희와 함께 있게 하리니"(요 14:16).

또한 무엇이라고 하셨습니까? 우리와 영원토록 함께 계시겠다고 약속하셨습니다. 그러나 이 한 가지를 기억해야 합니다. 성령이 완전히 떠나지 않으신다고 해서 우리가 어떤 죄를 범한다 할지라도 우리 안에서 항상 역사하시는 것은 아닙니다. 우리가 성령을 근심하게 할 때 성령은 얼마 동안 우리 안에서 그의 사역을 중지하십니다. 그럴 때 성도는 영적 고갈과 극심한 연약함에 내버려질 수도 있습니다. 그리고 그런 성도를 위하여 성령이 서서히 움직이기 시작하십니다. 죄에 빠진 영혼을 내버려두지 않으시고 성도의 영혼을 만지시는 것으로서 회복의 사역을 시작하십니다. 다윗왕이 자신의 죄를 회개하지 않을 때 하나님께서는 그를 회복시키시려고 그의 영혼을 만지기 시작하셨습니다.

"내가 입을 열지 아니할 때에 종일 신음하므로 내 뼈가 쇠하였도다 주의 손이 주야로 나를 누르시오니 내 진액이 빠져서 여름 가뭄에 마름같이 되었나이다"(시 32:3-4).

이렇게 고백할 때 성령이 다윗왕 안에서 다시 역사하기 시작하셨습니다.

"하나님이여 내 속에 정한 마음을 창조하시고 내 안에 정직한 영을 새롭게 하소서"(시 51:10).

마침내 성령이 다윗왕에게 정직한 영을 주셔서 구원의 즐거움을 회복시키셨습니다. 이와 같이 성령은 우리가 성령을 근심하게 할 때 우리 안에서 잠시 그 활동을 멈추실 수는 있지만 우리로부터 절대적으로나 완전히 결코 떠나지 않으십니다.

15장

성령을 속일 수 있는가

"베드로가 이르되 아나니아야 어찌하여 사탄이 네 마음에 가득하여 네가 성령을 속이고 땅 값 얼마를 감추었느냐"(행 5:3).

성령을 속일 수 있습니까? 우리의 어떤 간교에 의하여 성령이 속기도 하십니까? 사도행전 5장 1–11절에 언급된 아나니아와 삽비라가 죽임을 당하는 사건은 하나님이 우리를 영적으로 교훈하시기 위하여 보여주시는 표적입니다. 이 사건을 보고 '하나님께 거짓말을 하면 죽는구나. 그러니 거짓말을 하지 말아야지.'라고 결심하는 것도 중요하지만 그보다 더 중요한 교훈이 있습니다. 바로 우리가 성령을 속일 수 없다는 교훈입니다.

사도행전 5장을 이해하기 위해 4장에 나타난 사도행전 교회의 전체적 배경을 살펴보겠습니다. 사람들이 복음을 믿자 예루살렘에 교회가 세워집니다. 사람들은 교회가 증인이 되는 데 귀하게 쓰임받도록 교회에 헌금하기 시작했습니다. 그 교회에 출석하던 아나니아와 삽비라 부부도 땅을 팔아 헌금을 하기로 하나님 앞에서 약속했습니다. 그런데 부부가 막상 땅을 팔아 헌금을 드리려고 하니 액수가 너무 많은 것 같았습니다. 그래서 땅을 판 돈 가운데 얼마를 감추고 나머지만 헌금을 합니다.

이들의 행위에 대하여 베드로는 "아나니아야 어찌하여 사탄이 네 마음에 가득하여 네가 성령을 속이고 땅 값 얼마를 감추었느냐"(행 5:3)라고 말합니다. 아나니아와 삽비라가 드린 헌금은 아마도 적지 않은 액수였을 것입니다. 그러나 베드로는 그들의 행위는 성령을 속인 것이라고 질책합니다. 그들이 저지른 첫 번째 잘못은 성령을 속인 것입니다.

성령이 임하시자 권능이 왔고, 교회가 없는 예루살렘에 교회가 세워졌습니다. 성령의 권능으로 세워진 교회는 진리의 공동체입니다. 거짓의 공동체가 아니라 진리의 기둥과 터가 되어야 합니다. 그런데 진리가 기본이 되어야 할 하나님의 공동체에 거짓이 들어온 것입니다. 진리를 위해서 하나님의 성령을 사용해야 하는데, 그들은 불의를 위해 사용했습니다. 이것은 성령을 속인 것입니다. 교회에서 진리가 실천되지 않으면 교회는 무너집니다.

아나니아와 삽비라의 두 번째 잘못은 하나님께 거짓말을 한 것입니다. 베드로가 말합니다.

> "땅이 그대로 있을 때에는 네 땅이 아니며 판 후에도 네 마음대로 할 수가 없더냐 어찌하여 이 일을 네 마음에 두었느냐 사람에게 거짓말한 것이 아니요 하나님께로다"(행 5:4).

성령을 속이는 죄는 거짓으로 성령을 거스리는 죄입니다. 이는 하나님을 속이고 거역하는 죄입니다. 베드로가 그들의 죄를 질책하자 그들은 그 자리에서 죽었습니다. 당시 예루살렘교회는 성령, 즉 진리의 영으로 일치되어 있었습니다. 그런데 아나니아와 삽비라는 진리의 영이신 성령을 시험하고 성령을 속였습니다. 성령을 속이는 죄는 결코 사하심을 받을 수 없습니다.

> "내가 너희에게 이르노니 사람에 대한 모든 죄와 모독은 사하심을 얻되 성령을 모독하는 것은 사하심을 얻지 못하겠고 또 누구

든지 말로 인자를 거역하면 사하심을 얻되 누구든지 말로 성령을 거역하면 이 세상과 오는 세상에서도 사하심을 얻지 못하리라"(마 12:31-32).

아나니아라는 이름은 '하나님은 은혜로우시다.'라는 뜻이고, 삽비라라는 이름은 '아름답다.'라는 뜻입니다. 이 부부는 하나님의 은혜를 받은 아름다운 사람들이었습니다. 그러나 성령을 속이고 거짓말로 진리에 도전했을 때 비극적이게도 죽임을 당했습니다. 성령을 모독하고 거역하며 훼방하고 속이는 것은 곧 하나님께도 똑같이 저지르는 죄입니다. 결코 용서받지 못합니다. 거룩하게 하시는 성령의 인도하심을 따라서 오직 진리와 거룩을 따라 사는 자가 진정으로 거듭난 성령의 사람입니다. 성령은 절대 속지도 않으시고 속일 수도 없는 진리의 영이십니다.

16장

성령이 소멸될 수 있는가

"성령을 소멸하지 말며"(살전 5:19).

한 번 성도 안에 들어온 성령이 어떤 이유나 환경 때문에 소멸할 수도 있나요? 데살로니가전서 5장 19절을 보면 성령이 소멸될 가능성을 언급하는 것 같습니다. 이 구절은 올무처럼 성도들이 받은 구원을 안전하게 지키시는 성령의 유효한 사역을 의심하게 합니다. 물론 '소멸'이라는 단어가 '사라져 없어져 버리다.'라는 의미를 가지고 있어서 성도들이 성령이 소멸된다고 잘못 생각할 수도 있습니다.

그렇다면 이 본문 말씀대로 성령이 소멸될까요? 절대 그렇지 않습니다. 여기서 사용된 '소멸'은 '억누르지 말라. 또는 제약하지 말라.'는 의미입니다.

우리가 죄의 유혹에 넘어가면 육체와 영혼이 죄의 도구로 사용되며, 죄의 본성이 우리 안에 계신 성령의 활동을 억누릅니다. 성령이 억눌림되어 역사하지 않는 것을 마치 소멸된 것 같다고 한 것이지 성령의 존재가 결코 사라지는 것은 아닙니다. 따라서 성령을 소멸한다는 것은 성령이 우리 안에서 역사하실 때 우리가 그분께 불복종하여 "아니오."라고 말하는 것입니다.

우리는 육신의 연약함으로 실족하여 죄를 짓고 죄 가운데 빠지기도 합니다. 그럴 때 성령은 구원의 보증자로서 말할 수 없는 탄식으로 우리를 위해 하나님 앞에서 간구하십니다. 또한, 하나님의 보좌 우편에 계신 예수 그리스도는 우리 편에 서시는 대언자가 되십니다. 그러면 우리 안에서 꺼져가던 성령의 불꽃이 다시 타올라 우리가 다시 한 번 하나님 앞에 거룩한 백성으로 설 수 있게 하십니다.

그렇다면 성령을 소멸하지 않으려면, 즉 억누르지 않으려면 어떻게 해야 할까요?

바울이 로마서 6장에서 권고한 내용이 이에 대한 대답이 될 수 있습니다.

"또한 너희 지체를 불의의 무기로 죄에게 내주지 말고 오직 너희 자신을 죽은 자 가운데서 다시 살아난 자같이 하나님께 드리며 너희 지체를 의의 무기로 하나님께 드리라"(롬 6:13).

성령을 소멸하지 않으려면 하지 말아야 할 것과 해야 할 것이 있습니다.

먼저 하지 말아야 할 것은 우리 "지체를 불의의 무기로 죄에게 내주지 말고"입니다. '내주지 말라.'는 현재 시제로서 너희 지체를 불의의 무기로 죄에게 내주기를 즉각 중단하라는 의미입니다. 죄는 끊임없이 우리 지체를 불의의 무기로 내줄 것을 요구하며 유혹합니다. 이 유혹을 끊고 당장 죄 짓는 것을 그쳐야 성령이 우리 안에서 계속해서 역사하실 수 있습니다. 그래서 이것은 현재적 명령입니다.

또한 우리가 해야 할 것은 우리 "자신을 죽은 자 가운데서 다시 살아난 자같이 하나님께 드리는" 것입니다. 로마서 6장 13절의 성경 구절에서 '드리라.'가 두 번 나옵니다.

첫 번째 '드리라.'는 "오직 너희 자신을 죽은 자 가운데서 다시 살아난 자같이 하나님께 드리며"입니다. 이 문장에서 '드리라.'는 부정과거 시제로서 '너희 자신을 하나님께 한 번 영원히 단번(once for all)에 드리라.'는 뜻입니다. 두 번째 '드리라.'는

"너희 지체를 의의 무기로 하나님께 드리라"인데 이 문장에서 '드리라.'는 현재 시제로서 우리 자신을 의의 무기로 하나님께 즉시 드리라는 의미입니다.

이 두 문장을 하나로 연결하면 '너희가 구원받을 때에 너희 자신을 죽은 자 가운데서 다시 살아난 자같이 하나님께 단번에 결단하며 드렸듯이, 지금도 너희 자신을 의의 무기로 하나님께 즉시 드리라.'는 뜻입니다. 즉 과거에 너희 자신을 하나님께 드린다고 결단한 것을 다시 회상함으로 지금 당장 죄에서 나와 너의 몸을 의의 무기로 하나님께 드리라는 현재적 명령입니다.

성령이 소멸됩니까? 그렇지 않음을 성경을 통해서 확인했습니다. 우리는 우리 안에 성령이 확실히 거하심을 믿어야 합니다. 또한 성령이 우리를 인치셨고, 우리에게 보증이 되셔서 미래에도 우리를 하나님의 굳건한 오른팔로 지키심을 믿어야 합니다.

우리는 과거 한 시점에서 우리를 하나님의 것으로 단번에 드렸습니다. 그러므로 만일 우리가 성령을 소멸시키는 행위, 즉 성령이 마치 소멸된 것처럼 행동하여 죄를 범하고 있다면 즉시 죄에서 돌이켜 자신을 하나님께 드려야 합니다.

우리를 다스리시는 성령의 주권을 인정하고, 또 성경 말씀을 통해 성령의 인도를 받아 마치 불꽃이 타오르듯이 성령이 우리 안에서 계속 역사하실 수 있도록 해야 합니다. 우리 안에 내주하셔서 역사하시는 성령이 이 모든 것을 가능케 하실 것입니다. 한 번 우리 안에 들어오신 성령은 소멸되지도, 절대 나가시지도 않습니다. 이것을 믿고 성령의 거하심을 굳게 확신하시는 여러분 되길 바랍니다.

17장

성령 모독은 어떤 죄인가

"그러므로 내가 너희에게 이르노니 사람에 대한 모든 죄와 모독은 사하심을 얻되 성령을 모독하는 것은 사하심을 얻지 못하겠고 또 누구든지 말로 인자를 거역하면 사하심을 얻되 누구든지 말로 성령을 거역하면 이 세상과 오는 세상에서도 사하심을 얻지 못하리라"(마 12:31-32).

예수님은 우리에게 용서받지 못할 죄가 하나 있다고 말씀하셨습니다. 무슨 죄입니까? 바로 성령을 모독하는 죄입니다. 구체적으로 말하면 하나는 성령 모독죄이고, 다른 하나는 성령 거역죄입니다. 이는 요한이 언급한 사망에 이르는 죄이기도 합니다.

"사망에 이르는 죄가 있으니 이에 관하여 나는 구하라 하지 않노라"(요일 5:16).

요한은 사망에 이르는 죄에 대하여는 용서를 구하는 기도를 하지 말라고 분명히 말합니다. 왜냐하면 그 죄는 용서될 수 없는 무서운 죄이기 때문입니다.

그렇다면 성령 모독죄와 성령 거역죄가 왜 용서함을 받지 못하는 죄, 곧 사망에 이르는 죄가 됩니까?

첫째, 성령 모독죄는 곧 신성 모독죄입이다. 성령은 신성과 인격을 가지신 하나님이시기 때문입니다. 성령 이해의 기초는 성령은 인격을 가지신 삼위 하나님 가운데 한 분이시다는 사실에서 출발합니다. 따라서 성령을 모독하는 것은 곧 하나님을 모독하는 것으로서 용서함을 받지 못할 죄가 됩니다.

둘째, 성령 거역죄는 하나님의 구원역사를 거역하는 죄입니다. 성령은 성부 하나님이 계획하시고 성자 예수님이 성취하신 구원을 우리에게 적용시켜 구원이 유효하도록 하시는 분이십니다. 성령을 거역하는 것은 우리를 향하신 그리스도의 구속사역을 경멸하고 나아가 무효화시키는 행위입니다. 따라서 성령을 훼방하고 모독하고 거역하는 죄는 하나님 자신과 하나님이 베푸시는 구원사역을 훼방하고 모독하고 거역하는 죄가 됩니다. 이런 죄는 절대로 용서받을 수 없습니다. 그래서 요한은 이 죄를 위하여 기도할 필요가 없다고 말합니다.

성령을 모독하지 않기 위해 우리는 어떻게 해야 합니까?

성경을 통해 성령이 누구시며 무엇을 하시는 분이신지를 분명히 알아야 합니다. 믿음은 경건한 무지가 아니라 진리를 아는 지식에 기초합니다. 머릿속에 성령에 대한 이해가 없다면, 마음에도 성령이 있을 수 없습니다. 성령을 믿는다 하면서도 성령에 대하여 자신이 무엇을 믿는지도 모른다면 그 믿음은 바른 믿음이 아닙니다. 자칫하면 자신을 성령에 대한 모독으로 이끄는 헛된 믿음이 될 수 있습니다. 왜냐하면 내용이 없는 믿음은 헛된 믿음이기 때문입니다. 성령에 대한 맹신과 무지에서 벗어나는 길이 성령을 바로 알고 또한 성령을 모독하는 잘못을 범하는 죄에서 벗어나는 길이라는 사실을 명심해야 합니다.

4부

성령 세례를 바로 알라

18장

오순절 성령 강림은 무엇인가

"오순절 날이 이미 이르매 그들이 다 같이 한 곳에 모였더니 홀연히 하늘로부터 급하고 강한 바람 같은 소리가 있어 그들이 앉은 온 집에 가득하며 마치 불의 혀처럼 갈라지는 것들이 그들에게 보여 각 사람 위에 하나씩 임하여 있더니 그들이 다 성령의 충만함을 받고 성령이 말하게 하심을 따라 다른 언어들로 말하기를 시작하니라"(행 2:1-4).

껍데기를 보지 말고 실체를 보라

사도행전 2장 1-4절에 기록된 오순절 성령 강림 사건을 주목해보겠습니다. 왜냐하면 오순절 성령 강림은 성령 세례가 무엇인가를 이해하는 데 가장 중요한 역사적 사건이기 때문입니다.

오늘날 한국교회가 성령 세례를 바로 이해하지 못하고 혼란을 겪는 가장 큰 원인은 이 오순절 성령 강림 사건을 바르게 이해하지 못하는 데에서 비롯되었다고 해도 과언이 아닙니다. 오순절주의 교파들뿐만 아니라 교단을 초월하여 수많은 목회자와 그들의 설교를 듣는 수많은 성도가 이 사건을 바로 이해하지 못하여 성령 세례와 성령에 대한 올바른 지식을 갖지 못하는 영적 현실이 안타깝습니다. 성령 세례뿐만 아니라 성령에 대하여 바른 지식을 가지려면 오순절 성령 강림 사건의 의미를 바로 보아야 합니다.

성령은 창조 때부터 개입하셔서 하나님이 만드신 모든 피조 세계에 생명과 질서를 부여하셨습니다. 구약시대에는 이스라엘 백성과 그들 안에 들어온 이방민족을 구원하시는 역사를 나타내셨습니다.

그러나 누구든지 주의 이름을 부르는 자는 구원을 받도록 부어지신 것은 바로 오순절 날에 이르러서입니다. 이 날은 인류 역사에서 다시는 반복될 수 없는 유일무이한 날로 구원이 천하만민에게 공식적으로 선포된 날입니다. 이런 이유로 오순절 성령 강림은 하나님의 구원 역사의 진행에서 매우 특별한 날입니다.

따라서 오순절 성령 강림은 성경 전체에 흐르는 하나님의 구원역사 속에서 의미와 중요성을 찾아야지 성령 강림 때 일어났던 현상만을 가지고 이해하면 그 본질과 의미를 잃게 됩니다. 껍데기를 보지 말고 실체를 보아야 합니다.

이를 위해 우리는 신구약 성경의 연관성과 일체성을 통하여 그 본질과 의미를 바로 볼 필요가 있습니다. 구약은 신약 안에 감춰져 있고, 신약은 구약 안에서 밝히 드러납니다. 이러한 성경이해의 기본 지식을 가지고 오순절 성령 강림 사건을 사도행전을 통하여 자세히 살펴보도록 하겠습니다.

약속이 성취된 날이다

오순절 성령 강림을 이해하는 기초는 성령이 예고 없이 갑자기 오신 것이 아니라, 예수님이 그 이전에 제자들에게 약속하신 성령을 오순절 날이 되어서야 비로소 보내주신 것이라는 사실입니다. 예수님이 제자들에게 성령을 보내주실 것을 약속하시는 장면이 요한복음에 여러 번 나오지만, 특히 부활 후 승천하시기 전 다시 한 번 제자들에게 그 약속을 상기시키셨습니다.

"사도와 함께 모이사 그들에게 분부하여 이르시되 예루살렘을 떠나지 말고 내게서 들은 바 아버지께서 약속하신 것을 기다리라 요한은 물로 세례를 베풀었으나 너희는 몇 날이 못되어 성령으로 세례를 받으리라 하셨느니라"(행 1:4-5).

예수님의 약속을 믿고 예루살렘을 떠나지 않고 기다리던 제자들에게 오순절이 되자 약속의 성취로서 예수님이 성령을 제자들에게 보내십니다. 성령 강림은 불특정한 날 예고 없이 찾아온 것이 아니라, 정확히 오순절에 예수님이 보내주셨습니다.

오순절은 구약시대부터 이스라엘 백성이 지켰던 이스라엘의 삼대 절기 중 하나로서 하나님이 베푸시는 구원을 기억하는 날이었습니다. 왜 다른 날이 아니라 오순절이 되어서야 예수님이 성령을 보내주셨는지를 알면 성령 세례와 관련된 성령 강림의 본질과 의미를 바로 알게 됩니다.

구속사의 진행으로서의 성령 강림 사건을 보라

자, 지금부터 오순절 성령 강림 사건의 본질과 의미를 살펴보도록 하겠습니다.

첫째, 오순절 성령 강림은 구속의 약속이 성취된 날입니다. 성령 강림을 기록한 성경은 사도행전입니다. 사도행전 1장 4-5절에서 예수님은 승천하시기 전 제자들에게 며칠 후에 그들이 성령으로 세례를 받을 것을 약속하시면서 예루살렘을 떠나지 말고 그 날을 기다리라고 하셨습니다.

> "요한은 물로 세례를 베풀었으나 너희는 몇 날이 못되어 성령으로 세례를 받으리라"(행 1:5).

그리고 그 약속의 성취로서 오순절이 이르자 성령이 오셔서 제자들에게 임하시는 장면을 그대로 기록한 내용이 사도행전 2장 1-4절입니다.

성령 세례를 바로 이해하는 첫 걸음은 오순절 성령 강림이 하나님이 베푸시는 구원의 역사에서 무엇을 의미하는지를 바로 아는 것입니다. 오순절 성령 강림은 인류 역사상 어느 날 갑자기 임한 사건이 아니라, 예수님이 미리 하신 약속의 성취입니다. 베드로는 오순절 성령 강림이 무엇을 의미하는지 설명하면서 이 날에 오신 성령이 그냥 자기 뜻대로 오신 것이 아니라, 예수님의 약속이 성취된 것이라는 사실을 분명히 기억하며 이렇게 말했습니다.

"하나님이 오른손으로 예수를 높이시매 그가 약속하신 성령을 아버지께 받아서 너희가 보고 듣는 이것을 부어 주셨느니라"(행 2:33).

베드로는 성령을 보내주실 것을 약속하신 예수님의 약속 성취는 나아가 이미 오래 전에 하나님이 요엘 선지자를 통하여 그의 백성들에게 하신 약속이 성취된 것이라는 사실을 또한 밝힙니다.

"이는 곧 선지자 요엘을 통하여 말씀하신 것이니"(행 2:16).

즉, 오순절 성령 강림은 제자들이 모여서 기도하는 가운데 갑자기 임한 예측할 수 없었던 사건이 아니라, 구약에서 선지자들이 예언했고 또한 예수님이 약속하신 것의 성취로서 일어났으며, 인간의 뜻이나 노력, 행위로 된 것이 아님을 분명히 밝히고 있습니다. 오순절에 성령이 오신 것은 하나님의 구원 역사로서 약속의 성취라는 사실을 분명히 인식해야 합니다. 이것이 성령 세례를 이해하는 초석입니다.

둘째, 오순절 성령 강림은 새 언약이 실현된 날입니다. 구약에서 하나님은 이스라엘 백성에게 율법을 주심으로써 그들이 하나님만을 섬기는 택한 백성임을 알게 하셨습니다. 이것이 하나님이 이스라엘 백성들과 맺으신 첫 언약이었습니다. 첫 언약은 그것을 가지기만 하면 되는 것이 아니라 그 기록된 것을 지키는 자가 하나님의 백성이 된다는 사실이 내용의 핵심이었습니다.

그러나 이스라엘 백성은 율법을 가지고만 있었지 지키지 않았고 급기야는 율법을 주신 하나님을 멀리하고 이방신을 섬기는 불신 백성이 되었습니다. 율법 자체는 좋은 것이지만 죄를 범하는 인간은 율법을 지킬 수 없었습니다. 그러므로 율법을 지키는 것으로는 이스라엘 백성뿐만 아니라 그 어느 누구도 구원에 이를 수 없습니다. 즉 옛 언약은 더 이상 그 효력을 발휘할 수 없게 되었습니다.

"새 언약이라 말씀하셨으매 첫 것은 낡아지게 하신 것이니 낡아지고 쇠하는 것은 없어져 가는 것이니라"(히 8:13).

따라서 율법으로는 인간이 구원을 받을 수 없었습니다. 죄악 된 본성으로 모두 죽을 수밖에 없는 존재였기 때문에 하나님은 예전의 방법이 아니라 새 언약을 그들과 세우겠다고 예레미야 선지자를 통하여 약속하셨습니다.

"여호와의 말씀이니라 보라 날이 이르리니 내가 이스라엘 집과 유다 집에 새 언약을 맺으리라 이 언약은 내가 그들의 조상들의 손을 잡고 애굽 땅에서 인도하여 내던 날에 맺은 것과 같지 아니할 것은 내가 그들의 남편이 되었어도 그들이 내 언약을 깨뜨렸음이라 여호와의 말씀이니라 그러나 그 날 후에 내가 이스라엘 집과 맺을 언약은 이러하니 곧 내가 나의 법을 그들의 속에 두며 그들의 마음에 기록하여 나는 그들의 하나님이 되고 그들은 내 백성이 될 것이라 여호와의 말씀이니라"(렘 31:31-33).

새 언약은 첫 언약처럼 돌판에 새기고 종이에 쓴 옛 방식이 아닌 다른 방식, 즉 마음속에 기록하는 방식을 통하여 주시겠다고 약속하신 것입니다. 이 언약을 우리의 마음속에 기록하시기 위해 하나님은 예수 그리스도를 통하여 오순절에 성령을 보내주심으로써 약속하신 새 언약을 성취하신 것입니다.

"그는 더 좋은(superior) 약속으로 세우신 더 좋은(superior) 언약의 중보자시라"(히 8:6).

예수님은 새 언약을 성취하신 중보자시며, 새 언약은 이전의 약속보다 더 좋은 약속입니다. 그런데 새 언약을 이전의 첫 언약과 비교하면서 단순히 비교급인 '더 좋다.'(the better)라는 단어를 사용하지 않고 '탁월'(superior)이라는 단어를 사용했습니다.

그냥 더 좋은 것이 아니라 그 어느 것과도 비교할 수 없을 정도로 탁월한 것이 바로 새 언약이라는 사실입니다. 오순절 성령 강림은 더 이상 옛날의 방법이 아니라 영의 새로운 것, 즉 성령의 새롭게 하심을 통하여 하나님께 나아가 구원을 얻을 수 있는 새로운 길을 열어주신 구속사의 사건입니다.

셋째, 오순절 성령 강림은 예수 그리스도의 구원사역의 절정으로서 단번(once for all)에 성취하신 단회적(singularity)인 사건입니다. 예수님의 다른 모든 구속사역과 마찬가지로 인류 역사 속에서 다시 반복할 필요가 없습니다. 예수님이 성취하신 모든 구원사역, 즉 성육신, 고난받으심, 십자가의 죽으심, 부활하심은 다시 반복할 필요가 없는 유일무이한 예수님 자신이 단번에 이루신 구원사역입니다. 이런 일들은 예수님 외에 그 누구도 할 수 없을 뿐만 아니라 인류 역사 속에서 다시 반복될 필요도 없는, 즉 단 한 번으로 그 효력이 영원한 사건입니다.

예수님이 다시 인간의 몸을 입고 오실 필요가 없습니다. 다시 십자가에서 죽으실 필요도 없습니다. 다시 부활하실 필요도 없습니다. 구원은 이미 예수님이 성취하시고 완성하신 사역입니다.

마찬가지로 오순절 성령 강림도 예수님이 성취하신 구원을 우리에게 유효하도록 성령을 우리에게 부어주셔서 우리 안에 내주(indwelling)하도록 하신 예수님의 구원사역의 절정입니다.

따라서 오순절 성령 강림은 성도 개개인이 지속적이고 반복적으로 경험할 수 있는 성령 체험이 아니라는 사실을 분명히 기억해야 합니다. 성령은 자의로 오신 것이 아니라 철저히 하나님의 구원계획의 하나로서 새 언약을 실현하시기 위해 예수님이 보내주신 것입니다.

예수님이 성령을 보내신 분이시고 우리는 성령을 받은 수혜자입니다. 예수님의 십자가의 죽으심과 부활하심을 성도 개개인이 체험할 수 있습니까? 없습니다. 이런 구속사의 사건들은 우리를 구원하시기 위해 우리의 구원자이신 예수님이 단번에 성취하신 일입니다. 또다시 반복될 필요가 없습니다. 구원자가 아닌 구원의 수혜자인 우리 인간이 개인적으로 체험할 수 있는 경험이 아닙니다.

따라서 더 큰 믿음을 가지고 능력 있는 그리스도인이 되기 위해서 모든 성도가 오순절과 똑같은 성령 체험을 해야 한다는 가르침은 완전히 잘못된 가르침으로 진리가 아닙니다.

성도들이 모여서 열심히 울부짖으며 "성령이여 오시옵소서.

성령을 부어 주시옵소서."라고 간절히 간구한다고 해서 오순절 당시에 일어났던 신비스럽고 놀라운 현상들이 우리에게도 일어날 것으로 기대하는 것은 바른 신앙이 아닙니다. 그런 일은 절대로 일어나지 않습니다.

예수님이 단 번에 이루신 예수님만이 하실 수 있는 구원사역인데 어떻게 개개인의 인간에게 반복될 수 있겠습니까?

만일 그렇게 간구한다면 그것은 성경을 잘못 이해한 것으로서 맹신(盲信)이며 광신(狂信)입니다. 맹신은 잘 모르고 무조건 믿는 것이고, 광신은 지성을 토대로 하지 않고 자기감정에 근거하여 그냥 열광적으로 믿는 것입니다. 안타깝게도 이 둘은 성경이 말하는 바른 믿음이 아닙니다. 왜냐하면 구원받는 믿음이 되기 위해서는 믿음의 내용이 있어야 하는데 없기 때문입니다.

우리의 구원을 위한 예수님의 모든 지상사역이 다시 반복될 필요가 없는 단번에 이루신 사건인 것처럼, 오순절 성령 강림도 인류 역사 속에서 절대로 반복될 수 없을 뿐만 아니라 개인이 체험할 수도 없는 단번에 성취하신 유일무이한 예수님의 구원사역이라는 사실을 기억해야 합니다. 이것이 성령 세례를 바르게 이해하는 아주 중요한 기초가 되며 구원에 이르는 지식이 됩니다.

넷째, 오순절 성령 강림은 구원이 공식적으로 이방인에게도 활짝 열린 역사적인 날입니다. 물론 구약시대에도 이방인에게 구원의 문이 항상 열려 있었습니다. 그러나 오순절 성령 강림은 매우 특별하고 계획적인 날입니다. 성령을 보내심으로써 "유대인이나 헬라인이나 종이나 자유인이나 다 한 성령으로 세례를 받아 한 몸이 되"(고전 12:13)는 날, 즉 성령으로 말미암아 주의 이름을 부르는 자는 모두 구원을 얻는 길이 활짝 열린 날입니다. 그래서 하나님은 성령을 다른 날이 아니라 "오순절 날이 이미 이르매"(행 2:1)라고 하여 미리 약속된 날인 오순절에 보내신 것입니다.

그런데 왜 오순절입니까? 다른 날은 안 됩니까? 왜 예수님은 성령을 오순절에 보내주셨습니까? 이를 알기 위해서는 먼저 오순절이 무슨 날인지를 알아야 합니다. 오순절(五旬節)은 이스라엘의 삼대 절기(유월절, 오순절, 장막절) 중 하나로서 칠칠절 또는 맥추절로도 불립니다. 유월절로부터 50일째 되는 날이고 그 기원은 구약의 출애굽기에 나옵니다.

최초의 오순절이 어떤 날인지 아는 것이 매우 중요합니다. 이전까지 하나님은 그의 택하신 백성에게 직접 나타나셔서 말씀을 통하여 자신의 백성이 지켜야 할 하나님의 법도를 선포하고 이를 만방에 알리셨습니다. 이 날은 구원역사에서 대단히 중요한 날입니다. 이 날은 하나님이 시내산에서 모세를 통하여 그의 백성들에게 최초의 성문법인 십계명, 즉 율법을 주신 날입니다. 하나님의 계시의 말씀이 돌판에 새겨진 글로 이스라엘 백성에게 전달된 역사적인 날입니다.

이제 이스라엘 백성은 율법에 나타난 하나님의 법도와 규칙을 지킴으로써 하나님을 믿고 또한 이를 만방에 알려야 하는 책무를 부여받았습니다. 따라서 이 날은 하나님의 백성이면 반드시 그 의미를 기억하고 지켜야 하는 날이었습니다. 그리고 이스라엘 백성들뿐만 아니라, 이스라엘에 속해 있던 이방인들도 함께 섬기던 날이었습니다.

"너와 네 자녀와 노비와 네 성중에 있는 레위인과 및 너희 중에 있는 객과 고아와 과부가 함께 네 하나님 여호와께서 자기의 이름을 두시려고 택하신 곳에서 네 하나님 여호와 앞에서 즐거워할지니라"(신 16:11).

구약시대에도 오순절은 유대인들만 지키는 날이 아니라 이스라엘 가운데 거하던 이방인들도 함께 참여할 수 있도록 한 날이었습니다.

시내산에서 십계명을 주시던 때에 하나님은 바람과 불 가운데 나타나셔서 모세에게 말씀하셨습니다. 바람과 불과 말씀은 하나님의 나타나심을 보여주는 현상입니다. 따라서 오순절 성령 강림이 있을 때도 강한 바람, 불의 혀처럼 갈라지는 것과 혀를 통하여 말씀이 전달되는 방언이라는 현상이 나타났습니다.

무엇을 의미합니까? 출애굽기의 첫 번째 오순절이나 사도행전의 오순절 성령 강림은 둘 다 하나님이 언약의 말씀을 주신 날입니다. 시내산에서는 돌판에 새긴 율법을 주셨고, 마가의 다락방에서는 사람들의 마음에 성령을 부어주신 날입니다.

모세시대의 첫 언약으로 대변되던 율법을 지킴으로 하나님의 백성이 되는 시대는 저물고, 이제는 예수님이 모든 믿는 자들의 마음에 부어 주신 성령을 통해 주의 이름을 부름으로써 하나님의 백성이 되는 새 언약의 시대가 활짝 열린 것입니다.

이제는 선지자들을 통한 예언과 환상과 꿈을 통하여 하나님을 만나는 시대에서 마음에 새겨진 성령을 통하여 하나님의 백성이 되는 구속사의 종말, 즉 구원이 최종적으로 계시된 새로운 시대가 도래한 것을 공식적으로 선포한 날입니다.

그러므로 이 날에 이스라엘 백성만을 위한 구원이 아니라, 유대인이든 헬라인이든 종이든 자유인이든 남자든 여자든 어린아이든 노인이든 성령을 선물로 받은, 주의 이름을 부르는 모든 자가 하나님의 백성이 되는 길이 활짝 열린 것입니다.

"베드로가 이르되 너희가 회개하여 각각 예수 그리스도의 이름으로 세례를 받고 죄 사함을 받으라 그리하면 성령의 선물을 받으리니 이 약속은 너희와 너희 자녀와 모든 먼 데 사람 곧 주 우리 하나님이 얼마든지 부르시는 자들에게 하신 것이라 하고"(행 2:38-39).

오순절 성령 강림을 통하여 세계 모든 나라 백성이 복음을 듣고, 믿고, 자신의 죄를 회개하고, 예수 그리스도를 구세주로 고백할 때 어떤 차별이나 구별 없이 다 구원을 얻습니다. 이 날은 오직 성령이 하나님의 백성이냐 아니냐를 구분하는 기준이 된 날입니다. 또한 이 날은 하나님이 아브라함에게 약속하신 "땅의 모든 족속이 너로 말미암아 복을 얻을 것이라"(창 12:3)는 말씀이 성취된 날입니다. 이러한 이유로 성령이 다른 아무 날이 아닌 반드시 오순절에 오셔야 했던 것입니다.

다섯째, 오순절 성령 강림은 하나님의 구원역사의 중요한 전환점으로서 예수님이 약속하신 교회가 탄생한 날입니다. 예수님은 빌립보 가이샤랴 지방에 이르렀을 때 베드로로 하여금 "주는 그리스도시요 살아 계신 하나님의 아들이시니이다"(마 16:16)라는 믿음의 고백을 하게 하셨고 그 믿음의 고백 위에 훗날 교회가 세워질 것을 약속하셨습니다.

"또 내가 네게 이르노니 너는 베드로라 내가 이 반석 위에 내 교회를 세우리니 음부의 권세가 이기지 못하리라"(마 16:18).

누가 교회를 세우십니까? '내가', 즉 예수님 자신이십니다. 언제 세웁니까? 지금 당장입니까? 아닙니다. 시제가 미래시제입니다. '내가 내 교회를 세우리니'는 영어성경 NIV에서는 'I will build my church'라고 쓰여 있습니다. 지금 당장 세우시는 게 아니라, 미래의 어느 시점에서 예수님 자신이 자기의 교회를 세우시겠다는 말씀입니다.

그런데 예수님이 살아계실 동안에는 교회가 세워지지 않았습니다. 어느 복음서에서도 예수님이 살아계실 동안 교회를 세우셨다는 기록이 없습니다. 그렇다면 언제 교회를 세우셨습니까? 바로 오순절 성령 강림의 결과로 예루살렘에 믿음의 공동체인 교회가 세워졌습니다. 그 날에 예수 그리스도의 이름으로 세례를 받고 죄 사함을 받아 성령의 선물을 받은 삼천 명으로 교회가 세워진 것입니다.

비록 성령이 구약시대에도 개인의 중생과 회개를 불러일으키는 사역을 하셨지만, 오순절까지는 완전히 성령이 부어지지는 않았습니다. 그러나 오순절에 예수님이 성령을 보내주시자 주의 이름을 부르는 모든 자들에게 성령이 부어졌고, 또 성령으로 중생을 체험한 자들이 모여서 사도의 가르침을 받고 서로 교제하며 떡을 떼고 오로지 기도에 힘쓰는 교회가 세워진 것입니다(행 2:41-42). 교회는 예수님이 그의 약속대로 성령을 보내주심으로써 세워진 것입니다.

교회를 세우시겠다는 예수님의 약속이 오순절 성령 강림을 통하여 성취된 것입니다. 그리고 성령으로 말미암아 예수님을 주라 고백하는 모든 사람, 유대인이든 헬라인이든 종이든 자유인이든 젊은이든 노인이든 상관없이 다 교회가 되는 것입니다. 따라서 교회는 건물도 아니요, 어떤 조직도 아니요, 오직 성령으로 말미암아 믿음을 고백하는 사람들이 모여서 함께 하나님을 예배하고 섬기고 교제하고 기도하는 믿음의 공동체입니다. 오순절 성령 강림을 통하여 이것이 가능하게 된 것입니다.

진리에 근거한 구원에 이르는 믿음을 가지라

정리하면 오순절 성령 강림은 예수 그리스도의 구원사역으로 단번에 성취하신 단회성 사건입니다. 역사 속에서 반복되거나 개인적으로 참여해서 체험할 수 있는 것이 아닙니다. 예수님을 주라고 시인하는 모든 사람은 예수님이 보내주신 성령에 의해 고백하고, 거듭나며, 거룩해지고, 구원을 보장받습니다. 그리고 성령에 의해 끝까지 안전하게 천국으로 인도됩니다. 이 모든 것이 예수님이 오순절 날 보내주신 성령에 의하여 이루어지는 구원의 과정입니다.

그러므로 성령을 소유한 사람은 그리스도의 영을 소유한 사람이고 그리스도의 영을 소유한 사람은 이미 성령 세례를 받아 그리스도의 사람이 되었다는 사실을 믿어야 합니다.

> "만일 너희 속에 하나님의 영이 거하시면 너희가 육신에 있지 아니하고 영에 있나니 누구든지 그리스도의 영이 없으면 그리스도의 사람이 아니라"(롬 8:9).

따라서 만일 오순절 날의 성령 세례가 오늘날에도 반복될 수 있고 또한 개인들이 체험할 수 있는 것이라고 주장한다면 그것은 마치 없는 것을 있는 것으로 만들어내려는 억지주장이며, 또한 성령을 약속의 성취로서 보내주신 예수님의 구원사역의 본질과 의미를 약화시키고 나아가 훼손시키는 행위라 할 수 있습니다.

오늘날 한국교회 내에 수많은 목회자와 성도들이 잘못된 지식에 근거하여 오순절의 성령 세례를 이해함으로써 성령 세례, 즉 예수님이 성령으로 베푸시는 세례가 구속사적으로 무엇을 의미하는지를 바로 이해하지 못하는 현실이 안타깝습니다. 그저 "성령 세례 받아라!"고 외치고 또 그것을 받기 위해 열광적으로 반응하는 무지에 근거한 신앙을 바른 신앙으로 아는 영적 오류를 범하고 있습니다.

반드시 기억해야 할 교훈은 은혜는 결코 영적 오류를 통해 오지 않는다는 사실입니다. 거짓과 진리를 분별하지 못하면 자신이 알곡인 줄 알았는데 마지막 때에 가라지로 판명날 수 있습니다. 그 비극적인 현실이 우리 자신에게 닥치지 않도록 진리에 기초해서 구원에 이르는 영적 지식을 가지는 것이 무엇보다도 중요합니다.

성령 세례의 구속사적 의미를 성경을 통하여 바로 알고, 배우고, 믿는 참 구원백성이 되어야 하겠습니다. "인자가 올 때에 세상에서 믿음을 보겠느냐"(눅 18:8)라는 주님의 말씀의 의미를 되새겨야 할 때입니다.

19장

성령 세례를 받았는가

"우리가 유대인이나 헬라인이나 종이나 자유인이나 다 한 성령으로 세례를 받아 한 몸이 되었고 또 다 한 성령을 마시게 하셨느니라"(고전 12:13).

'성령 세례 받아라!' 교회를 다니시는 분들이라면 한 번쯤은 들어본 말일 것입니다. 그렇다면 당신은 성령 세례를 받았습니까? 만일 받았다면, 언제 어떠한 방법으로 받았습니까? 혹시 잘못 받은 것은 아닙니까? 만일 안 받았다면, 왜 안 받았습니까? 혹시 이미 받았음에도 불구하고 잘 인식하지 못하는 것 아닙니까?

성령 세례의 문제는 예전에도 그랬고 오늘날에도 여전히 교회의 최대 논쟁거리입니다. 성령 세례에서 가장 중요한 점은 성령 세례를 받았는지 받지 못했는지보다는 성경의 가르침대로 받았는지에 대한 여부입니다.

성령 세례 논쟁의 주요 쟁점은 다음과 같이 두 가지로 분명하게 나누어집니다.

하나는 개혁 신학과 신앙을 신봉하는 자들의 관점으로서 성령 세례를 중생의 체험과 함께 동시에 일어나는 구원역사로 보는 것입니다. 성령에 의한 중생의 역사가 신자에게 일어날 때 동시에 성령으로 세례를 받는다고 믿기 때문에 모든 중생한 신자는 성령 세례를 이미 받은 사람들이라 믿습니다.

다른 하나는 오순절주의 교파와 그들의 주장을 따르는 은사주의자들의 관점입니다. 그들은 성령 세례를 구원 이후에 신자에게 주어지는 두 번째 축복(the second blessing)으로서의 능력체험 또는 은사체험으로 봅니다.

성령 세례를 중생의 역사와 동시에 우리 안에서 일어나는 구원역사로 본다면 성령 세례를 통하여 우리는 거듭나고 그 거듭남의 결과로서 회개가 일어나고 또한 구원에 이르는 믿음을 가지게 됩니다. 그러나 성령 세례를 중생과는 별개의 영적 체험으로 본다면 신자는 두 단계의 축복을 체험하게 됩니다.

하나는 성령에 의한 회개이고, 다른 하나는 성령에 의한 세례로서 방언이나 또는 여러 가지 성령의 은사가 나타나는 현상이 동반된다는 것입니다. 대부분의 오순절주의 교파의 은사주의자들은 두 번째 관점을 따릅니다.

이러한 혼란 가운데서 성경을 통해 성령 세례의 의미를 정확히 아는 것이 매우 중요합니다. 왜냐하면 하나님의 은혜는 진리에 대한 바른 지식을 통해서 우리에게 전달되기 때문입니다. 하나님은 왜곡되거나 비뚤어진 지식 또는 거짓을 통해서 우리에게 은혜를 베풀지 않으십니다. 그러므로 오직 성경을 통해 성령 세례의 의미를 바로 알고 바로 받아야 합니다.

세례의 의미

성령 세례를 바로 알기 위해 먼저 세례(baptism)가 무엇을 의미하는지 알아야 합니다. 왜냐하면 성령 세례란 성령으로 세례를 받는 것이기 때문입니다.

세례는 신학적으로 두 가지 뜻이 있습니다.

첫째, 세례는 표지입니다. 즉 세례는 죄 사함을 받아 하나님의 백성이 되었다는 표지입니다. 내적으로는 하나님께 자기 죄를 고백함으로써 하나님을 믿는다는 것입니다. 외적으로는 그리스도의 십자가의 보혈로 죄 사함을 받아 그리스도와 연합하여 한 몸이 되었음을 하나님의 성도들 앞에 고백하는 것입니다. 하지만 표지 자체는 그렇게 중요하지 않습니다. 죄 사함받아 내가 하나님을 믿는 성도가 되었다는 것을 내가 믿는가라는 믿음의 내용이 중요합니다.

둘째, 세례는 죄 사함의 표지임과 동시에 하나님의 인(seal), 즉 하나님의 도장을 받았다는 사실을 의미합니다. 이 도장은 죄 사함을 받았으므로 우리가 더 이상 사탄의 소유가 아니라, 하나님의 소유임을 의미합니다. 하나님이 이 표지를 보시고 우리의 이름을 죄와 사망의 책에서 제하여 버리십니다. 그리고 우리의 이름을 생명책에 기록하심으로써 우리가 하나님의 소유가 되었다고 확인하는 도장을 찍는 것과 같습니다. 즉 세상 나라의 소유에서 하나님의 백성이 되었음에 대한 소유권이전 등기에 찍힌 법정 도장과 같은 것이 바로 세례입니다. 성령 세례란 이러한 의미를 가진 세례를 성령으로 또는 성령 안에서 받는 것을 의미합니다.

성령 세례의 의미

이러한 세례에 대한 바른 지식을 토대로 이제부터 성경을 통해서 '성령 세례 받아라!'의 의미를 살펴보도록 하겠습니다.

첫째, 성령 세례는 신자가 구원받은 이후에 경험하는 두 번째 축복이 아니라 성령에 의한 중생과 동시에 일어나는 구원역사입니다. 성경에는 '성령으로 세례를 준다.'는 문구(마 3:11, 막 1:8, 눅 3:16, 요 1:33)와 '성령으로 세례를 받다.'(행 1:5, 11:16)라는 문구가 여러 번 나옵니다.

그런데 이 두 문구는 하나의 통일성을 가지고 있습니다. 성경에서 '성령으로 세례를 준다.'와 '성령으로 세례를 받다.'는 구절들은 고린도전서 12장 13절을 제외하고는 모두 다 사도행전 2장 1-4절에 기록된 오순절 성령 강림 사건, 즉 예수님이 베푸시는 성령 세례를 가리킵니다.

이는 성령을 보내주신다는 예수님의 약속의 성취로서, 성령으로 세례를 받게 하셔서 하나님께 선택받은 사람들을 중생시키는 구원의 역사입니다.

성경은 성령 세례를 명령형이 아니라 서술형으로 기록하고 있습니다. 따라서 일부 목회자나 부흥사들이 "성령 세례 받아라!"고 명령형으로 외치는 것이나 성령 세례를 구원 이후에 받는 두번째 축복으로서 능력이나 은사 체험이라고 가르치는 것은 둘 다 성경의 가르침과는 일치하지 않는 잘못된 가르침입니다. 잘못된 가르침은 진리에 반하는 오류로서 거짓 가르침입니다.

둘째, 중생을 체험한 모든 그리스도인은 성령 세례를 통하여 그리스도와 한 몸으로 연합됩니다. 따라서 성령 세례는 그리스도인들을 그리스도와 연합시키는 수단입니다. 바울은 그 당시 고린도 교회가 가졌던 잘못된 은사관을 지적하며 이 점을 분명히 했습니다.

> "우리가 유대인이나 헬라인이나 종이나 자유인이나 다 한 성령으로 세례를 받아 한 몸이 되었고 또 다 한 성령을 마시게 하셨느니라"(고전 12:13).

'유대인이나 헬라인이나 종이나 자유인이나'라는 표현은 세례를 받고 교회에 들어온 신자들의 신분적 다양성을 가리키는 말로서 교회의 모든 성도를 지칭합니다. 그래서 바울은 '다 한 성령으로 세례를 받아 한 몸이 되었고'라며 '다'(all)라는 단어를 사용했습니다. 만일 성령 세례가 모든 그리스도인이 받은 것이 아니라, 일부 특정한 사람들만 받는 것이라면 바울이 '다'(all)라는 단어를 사용하지 않았을 것입니다.

그러나 바울은 성령 세례란 모든 사람이 공히 가지는 구원 경험이라는 사실을 '다'라는 단어를 사용함으로써 우리에게 가르치고 있습니다. 따라서 모든(all) 그리스도인들은 이제 한 성령으로 세례를 받아 통일된 그리스도의 몸 안에 들어와 한 몸이 되었습니다. 그들의 신분이 다양하다 해서 소홀히 여겨지거나 차별받을 수 없습니다. 한 성령으로 세례를 받아 한 성령을 마시게 되었다는 바울의 표현은 결국 다양한 인종과 신분을 가졌음에도 불구하고 고린도교회 성도들은 예수 그리스도 안에서 한 몸이 되었다는 구원 경험에 쓰이는 서술적 표현입니다.

만일 오순절주의 교파의 은사주의자들의 주장대로 성령 세례가 구원이후에 일부 사람만이 경험하는 성령의 두 번째 축복이라면 성령 세례를 체험한 소수의 사람들만이 예수 그리스도와 한 몸이 되는 말도 안 되는 경우가 발생하게 됩니다.

따라서 성령 세례는 예수 그리스도를 주와 구주로 고백하는 모든(all) 그리스도인을 그리스도의 몸에 연합시켜 한 몸이 되게 하는 것으로서 중생과 함께 동시에 일어나는 구원론적 사건입니다. 이것이 성경의 일관된 가르침입니다.

셋째, 성령 세례를 주시는 분은 성령 자신이 아니라 예수님이십니다. 물 세례든 성령 세례든 모든 세례에는 그 형태에 있어서 일정한 규범이 있습니다. 세례에는 네 가지 요소가 있는데 그 요소는 세례를 주시는 분으로서 세례의 주체자, 세례를 받는 자로서 세례의 대상자, 무슨 재료로 받는가 하는 세례의 재료, 세례를 왜 주는가 하는 세례의 목적이 있습니다.

우리가 물 세례를 받을 때 세례의 주체자는 목사이고, 세례의 대상자는 신앙을 고백하는 신자이고, 세례의 재료는 물이고, 세례의 목적은 예수 그리스도와의 연합입니다.

성령 세례도 마찬가지입니다. 많은 성도가 성령 세례를 성령이 베푸시는 특별한 세례로 이해하는데, 성령 세례의 주체자는 성령이 아니라 예수님이십니다. 오순절 성령 강림 사건에 대하여 베드로는 이렇게 증언했습니다.

"하나님이 오른손으로 예수를 높이시매 그가 약속하신 성령을 아버지께 받아서 너희가 보고 듣는 이것을 부어 주셨느니라"(행 2:33).

베드로가 말한 '너희가 보고 듣는 이것'은 오순절 날의 성령 세례를 말합니다. 성령 세례를 부어 주신 분이 성령이 아니라 하나님께서 높이신 예수님이라고 분명히 말하고 있습니다.

따라서 성령 세례에서 세례의 주체자는 예수님이시고, 세례의 대상자는 예수를 주라 고백하는 모든 그리스도인이고, 세례의 재료는 성령이시고, 세례의 목적은 모든 그리스도인을 한 몸으로 만드는 것, 즉 예수 그리스도의 몸에 연합시키는 것입니다.

고린도전서 12장 13절에 의하면 우리가 마시는 것은 바로 예수 그리스도의 성령이며, 우리가 성령을 마시게 된 것은 바로 예수님이 부어 주셨기 때문입니다. 한 성령으로 세례를 받은 것과 한 성령을 마시게 되었다는 것은 분명히 같은 표현입니다.

우리는 예수님을 믿을 때 성령으로 세례를 받아 예수 그리스도와 한 몸으로 연합되는 것입니다. 성령 세례는 모든 그리스도인들이 구원받을 때 영적으로 체험하는 최초의 축복이며 또한 모든 사람이 함께 체험하는 보편적 축복입니다. 이 사실을 분명히 기억해야 합니다.

진리로 확증하라

"성령 세례 받아라! 성령의 불 세례 받아라!" 오늘날 이러한 외침이나 가르침으로 수많은 성도가 영적으로 혼란스러워하거나 현혹되어 이 교회 저 교회로 방황하고 있습니다. 이러한 가르침은 성경이 증거하는 성령 세례에 대한 진리가 아닙니다. 이는 진리를 바로 알지도, 바로 분별하지도 못한 영적 무지의 결과로서 오류이며 거짓입니다.

성령 세례는 중생과 동시에 우리 안에서 일어나는 영적 변화로서 성령을 보내주실 것을 약속하신 예수님이 그 약속의 성취로서 우리에게 부어주시고 베푸시는 구원 사건입니다. 따라서 예수를 믿고 그 믿음을 따라 사는 모든 진실한 성도들은 중생 시에 이미 성령으로 세례를 받았습니다.

"너희가 성령을 받은 것이 율법의 행위로냐 혹은 듣고 믿음으로냐"(갈 3:2).

갈라디아교회를 향해 던졌던 바울의 질문에 우리도 답해야 합니다. 예수 그리스도의 복음을 듣고 믿을 때 성령으로 세례를 받습니다. 따라서 "성령 세례를 받아라! 성령을 주시옵소서!"라고 말하는 것은 분명히 잘못된 것입니다. 왜냐하면 이미 성령 세례를 받았고 성령이 주어졌는데 어떻게 다시 달라고 한단 말입니까? 성령 세례, 바로 알고 바로 받아야 합니다.

예수를 주라 시인하는 모든 그리스도인은 성령으로 말미암아 거듭나고, 성령 안에서 세례를 받는다는 성경의 분명한 가르침입니다. 그럼에도 불구하고 수많은 한국교회의 그리스도인이 성령 세례를 구원 이후에 개인이 체험하는 두 번째 축복으로서 능력이나 은사체험으로 받아들이는 것은 매우 안타까운 일입니다.

성령 세례를 두 번째 축복의 체험이라고 강조하는 은사주의 운동은 오순절주의 교파뿐만 아니라 이제는 복음주의나 또는 정통교회라 자처하는 수많은 교회의 목회자에게도 무분별하게 받아들여지고 또한 그들에 의하여 가르쳐지고 있습니다.

체험 그 자체가 잘못된 것은 아닙니다. 중요한 것은 체험의 의미가 아니라, 그 체험을 어떻게 성경으로 이해하느냐의 문제입니다. 만일 체험에 대한 이해가 성경의 가르침에 어긋난다면 그것을 버려야 합니다.

그렇다고 해서 교회 내의 모든 그리스도인이 성령 세례를 받아 성령을 소유하고 있다고 말하는 것은 아닙니다. 교회 안에도 성령 세례를 받지 못한 사람들이 얼마든지 있을 수 있습니다. 교회에 등록하고 물 세례를 받았다고 해서 성령 세례를 보장해주지는 않습니다. 성령 세례를 보장해주지 않은 것은 구원을 보장해주지 않는 것과 같습니다. 그러나 성령으로 거듭난 모든 그리스도인은 다 성령 안에서 이미 세례를 받은 자들입니다.

진리가 진리 되게 하는 권위는 우리 개개인의 체험이 아니라, 진리인 하나님의 말씀입니다. 성령 세례는 진리의 문제이므로 유일한 진리인 성경을 통해 신학적으로 검증하고 확증해야 함에도 불구하고 교인들이 좋아한다고 해서 그냥 무작정 따르는 맹신의 차원이 되어버렸습니다. 이러다 보니 무엇이 진리이고 무엇이 거짓인지를 영적으로 분별해내지 못하고 오히려 진리의 가치가 훼손되는 현실에 이르게 되었습니다.

바울은 그의 유언서과 같은 디모데후서 2장 18절에서 그 당시 교회에 잘못된 진리를 가르침으로써 교회를 어지럽게 하던 후메내오와 빌레도에 대하여 "진리에 관하여는 그들이 그릇되었도다."라고 경고합니다. 그리고 그들과 같은 자들은 믿음을 무너뜨리는 자들이라고 했습니다.

믿음이 무너진다는 것은 구원이 무너진다는 것을 의미합니다. 무너진 구원은 영생과 천국을 보장받을 수 없습니다. 따라서 성령 세례가 무엇인지 성경의 진리를 통하여 바로 알고 바로 받아야 합니다. 그것이 무너지는 믿음이 아니라, 바로 선 믿음입니다.

성령은 진리의 영이시고 성경은 진리입니다. 진리는 하나이기 때문에 성령과 성경이 서로 모순되는 주장을 하거나 어긋날 수 없습니다. 성령 세례, 성경의 가르침대로 믿고, 성경대로 받아야 합니다. 모든 성도는 예수를 믿을 때 성령으로 이미 세례를 받아 그리스도와 연합되었음을 믿어야 합니다. 이 믿음이 구원에 이르는 바른 믿음입니다.

20장

성령으로 충만함을 받으라

"그런즉 너희가 어떻게 행할지를 자세히 주의하여 지혜 없는 자 같이 하지 말고 오직 지혜 있는 자같이 하여 세월을 아끼라 때가 악하니라 그러므로 어리석은 자가 되지 말고 오직 주의 뜻이 무엇인가 이해하라 술 취하지 말라 이는 방탕한 것이니 오직 성령으로 충만함을 받으라"(엡 5:15-18).

성령 충만은 명령이다

성령 충만은 무엇인가요? 성령 충만은 성령의 다른 사역들과는 무엇이 어떻게 다른가요? 성령 충만은 내주, 인치심, 세례와 같은 성령의 다른 사역들과는 그 본질이 확연히 구분됩니다. 왜냐하면 다른 성령의 사역들은 그리스도를 믿는 구원에 이르는 신앙으로 단번에 성취되는 것들이지만, 성령 충만은 그리스도인의 영적 생활과 관련된 것으로서 구원받은 이후에도 계속되는 사역이기 때문입니다. 또 성령의 다른 사역들은 본질상 구원과 함께 성령께서 주도적으로 성취하는 것이지만, 성령 충만은 구원 이후에 그리스도인이 추구하도록 명령받은 보편적 책무입니다. 따라서 모든 그리스도인은 성령으로 충만해야 할 책임이 있는 것입니다.

에베소서 5장 18절에는 모든 그리스도인이 성령으로 충만해야 한다는 명령이 나옵니다. 성령 세례를 언급한 성경 구절은 모두 직설법으로 되어 있습니다. 명령법으로 권고한 구절은 단 하나도 없습니다. 그러나 성령 충만은 명령법으로 되어 있습니다.

왜 성령 충만이 명령법으로 되어 있을까요? 그것은 성령으로 세례를 받아 그리스도인이 된 사람들이 성령으로 충만하게 되는 것이 중단되거나 또는 성령 충만의 상태에서 떨어져 성령 충만하지 않을 수 있기 때문입니다. 수많은 그리스도인이 신앙생활에서 이러한 경험을 하는 것은 부인할 수 없는 사실입니다.

바울은 에베소교회의 성도들에게 성령으로 충만함을 받으

라고 명령하면서 술 취하지 말라는 명령과 대조시킵니다.

"술 취하지 말라 이는 방탕한 것이니 오직 성령으로 충만함을 받으라"(엡 5:18).

왜 성령 충만을 술 취함과 대조시킬까요?

술 취한 사람의 특징이 무엇입니까? 알코올의 지배를 받아 자신이 지켜야 할 자제력을 상실하여 비이성적인 방종의 상태에 빠지게 됩니다. 알코올이 혈관 속에서 작용하여 뇌에 영향을 주면 입에서 욕이 나오기도 하고, 또 비틀거리며 바로 걷지도 못합니다. 이 모든 현상은 그 사람이 술을 먹음으로써 알코올의 지배를 받게 되어 일어납니다.

이와 비슷하게 성령으로 충만한 사람은 자신의 마음과 영혼을 다스리는 성령의 지배하에 있게 됩니다. 즉 성령으로 가득 채움을 받아서 성령이 주관하시는 삶을 사는 사람이 됩니다. 술이 그 취한 자의 생각과 행위를 주관하듯이 성령이 그 성도의 생각과 행위를 전적으로 주관하시는 것입니다.

성령 충만의 특징을 살펴보면 다음과 같습니다.

첫째, 자기 자신을 통제하는 자제력을 상실하지 않습니다. 그래서 바울은 이 악한 세대에서 성령으로 충만할 것을 명령하면서 "그런즉 너희가 어떻게 행할지를 자세히 주의하"라고 당부하고 있습니다. 어떤 사람들은 성령 세례를 받고 성령 충만을 받으면 초자연적인 역사가 내 안에 들어와 나를 이끌어간다고 생각하지만 그렇지 않습니다. 성령 충만하면 매우 주의하게 됩니다. 그리고 지혜 없는 자같이 행동하지 않게 됩니다. 하나님이 회복시켜 주신 영적 지식으로 구원에 이르는 믿음이 무엇인가를 찾는 지혜가 우리 안에 들어오는 것입니다.

둘째, 세월을 아끼게 됩니다. 남들이 사는 것처럼 내 맘대로 인생을 살아가지 않고 하나님이 내게 부여하신 세월을 귀히 여깁니다. 악한 때에는 공중의 권세를 잡은 악한 세력이 그리스도인들에게 주어진 시간과 기회를 잘못 사용하도록 끊임없이 유혹합니다. 성령 충만한 그리스도인은 때가 악하다는 사실을 인식하게 됩니다. 그리고 하나님이 부르시는 그날까지 하나님을 위해 그 세월을 아끼고자 하는 마음이 우리 안에 생깁니다.

셋째, 어리석은 자가 되지 않고 오직 주의 뜻이 무엇인가를 찾고 탐구하는 마음이 생기게 됩니다. 늘 각성된 이성으로 지각없는 행동에서 벗어나 건전하고 절제된 행위를 하며 나아가 삶의 전 영역에서 주의 뜻이 무엇인지 분명히 인식하려는 노력을 하게 됩니다.

그러므로 '성령으로 충만함을 받으라.'는 권면이나 충고가 아니라 모든 그리스도인이 행해야만 하는 거룩한 명령입니다. 선택이 아니라 필수입니다.

성령 충만은 명령일 뿐 아니라 또한 그리스도인의 삶 속에서 끊임없이 반복되어야 하는 계속적인 충당을 말합니다. 성령 세례는 우리가 예수 믿을 때 받는 단회적인 구원사건이지만, 성령 충만은 계속적이고 반복적인 명령입니다. 성령 세례를 받은 후 그리스도인으로서 세상을 살다 보면 성령 충만하지 못할 때가 너무 많습니다. 그래서 계속 충당하라고 명령하는 것입니다.

'왜 성령 충만에서 떠났느냐? 내가 성령 세례를 베풀어 이 세상 사는 너희들을 하나님의 천국 백성으로 삼지 않았느냐? 그런데 왜 성령으로 계속해서 충만하지 못하고 세상에 속한 자로 살아가느냐? 다시 한 번 일어서서 성령으로 충만함을 받으라.'고 명령하는 것입니다.

또한 성령 세례는 모든 그리스도인이 단번에 받지만 성령 충만은 모두 다 받는 것도 단번에 받는 것도 아닙니다. 성령 충만은 하나님이 하시는 사역이지만 하나님의 백성의 순종을 필요로 하는 계속 되는 모든 그리스도인의 책무입니다.

성령 충만의 증거는 무엇인가?

성령 충만이 명령이라면 우리가 성령 충만한 상태에 있는지를 어떻게 알 수 있습니까? 이에 대하여 바울은 다음과 같은 **성령 충만의 네 가지 증거**를 밝히고 있습니다.

"시와 찬송과 신령한 노래들로 서로 화답하며 너희의 마음으로 주께 노래하며 찬송하며 범사에 우리 주 예수 그리스도의 이름으로 항상 아버지 하나님께 감사하며 그리스도를 경외함으로 피차 복종하라"(엡 5:19-21).

첫째, '시와 찬송과 신령한 노래들로 서로 화답'합니다. 이 화답이라는 단어는 영어성경에서 'speak to one another'이라고 합니다. 즉 성령이 충만하면 시와 찬미와 신령한 노래로 서로 말하는 것, 즉 하나님의 말씀을 말하게 됩니다. 왜냐하면 성령의 특징 중 하나가 바로 "나를 믿는 자는 성경에 이름과 같이 그 배에서 생수의 강이 흘러나오리라"(요 7:38)는 것이기 때문입니다. 성령 충만하게 되면 예수 그리스도가 누구시며 또 그분이 베푸시는 구원이 무엇인지에 대하여 시와 찬송과 신령한 노래로 사람들에게 증거하게 됩니다.

그러나 성령 충만하지 못한 성도는 자기 내면의 갈등과 자신의 죄로 그것을 증거할 수 없습니다. 하지만 하나님은 성도가 그러한 삶을 사는 것을 원치 않으십니다. 성도로서 이 세상에서 당당하게 복음을 증거하며 사는 것이 바로 성령 충만의 증거입니다.

둘째, '너희의 마음으로 주께 노래하며 찬송'하는 것, 즉 주를 찬송합니다. 왜 '너희 마음'으로 주께 노래한다고 했습니까? 입술로 고백하고 마음으로 믿어 의에 이르기 때문입니다. 우리의 마음은 우리 심령의 중심입니다. 그러므로 우리는 마음으로 주를 찬양하게 됩니다. 우리의 심령 깊은 곳까지 하나님이 보시고 예수 그리스도의 십자가의 피로 우리를 새롭게 하심으로써, 하나님께 대항했던 우리의 마음을 새롭게 창조하십니다. 그래서 우리는 마음 깊은 곳으로부터 하나님을 찬양하고 예배하게 됩니다. 입술의 예배로 그치는 것이 아니라 아벨처럼 삶 전체를 드려 하나님을 찬양하는 예배를 하나님께 드리게 됩니다. 이것이 바로 성령 충만의 증거로서 하나님이 원하시는 마음으로부터 우러나오는 예배입니다.

셋째, 범사에 우리 주 예수 그리스도의 이름으로 항상 아버지 하나님께 감사합니다. 여기서 성령 충만한 성도와 그렇지 않은 성도의 차이가 극명하게 드러납니다. 성령 세례를 받음으로 구원을 받았어도 성령이 충만하지 않은 성도는 범사에 하나님 찬양을 등한히 하거나 또는 전혀 하지 않습니다. 건강할 때는 찬양하지만 연약해지면 하나님을 찬양하지 않는 사람들이 있습니다. 또한 재물을 얻게 되면 하나님을 찬양하지만 잃게 되면 찬양하지 않는 사람들도 있습니다. 자신의 환경과 처지에 따라 찬양의 강도와 정도가 달라지는 것은 성령 충만한 것이 아닙니다.

"범사에 감사하라 이것이 그리스도 예수 안에서 너희를 향하신 하나님의 뜻이니라"(살전 5:18).

또한 범사에 감사해야 합니다. 가난에 처하든 부에 처하든 이는 모두 하나님이 주신 것이므로 범사에 감사하는 삶이 바로 성령 충만한 성도의 정상적인 삶입니다.

왜 이스라엘 백성이 사십 년이나 광야생활을 했음에도 불구하고 여호수아와 갈렙만 가나안에 들어갔습니까? 그들이 불평불만했기 때문입니다. 하나님은 구름기둥과 불기둥으로 인도해주시고 갈증이 나면 물을 주시고 배가 고프면 만나와 메추라기를 주셨습니다. 그러나 그들은 금송아지를 만들어 하나님께 대항하는 조건적인 믿음을 가졌습니다.

'교회에 나오면 행복하다고 해서 나왔더니 세상과 단절하기 위해 이것도 끊어야 하고 저것도 끊어야 하다니 왜 이러한 고통을 내게 주십니까? 난 믿기 싫어요.'라고 하는 것은 성령 충만한 성도의 자세가 아닙니다. 하나님이 우리를 무조건적으로 택하여 주시고 하나님의 백성으로 삼아주셨으므로 우리도 범사에 항상 감사해야 합니다.

넷째, 그리스도를 경외함으로 피차 복종합니다. 성령 충만은 자신의 믿음이나 영성을 자랑하는 것이 아닙니다. 영적 교만은 불순종이며 죄입니다. '하나님이 나만 이렇게 귀히 쓰시는구나.'라고 생각하는 것은 하나님의 마음이 아닙니다. 성령 충만한 사람은 그리스도를 경외함으로써 남을 나보다 낫게 여기고 남을 긍휼히 여기며 남을 받드는 마음이 우러나게 됩니다.

이 네 가지 증거 중 두 가지, 즉 주께 찬송하고 하나님께 범사에 감사하는 것은 하나님을 향한 영역입니다. 그리고 서로 복음을 증거하는 것과 예수 그리스도를 경외함으로 복종하는 것은 인간을 향한 영역입니다. 이 네 가지가 바로 성령 충만의 진짜 증거입니다. 이 네 가지 증거가 우리 안에 있는지를 늘 살핌으로써 이 거친 세상에서 성령 충만한 삶을 살아야 하겠습니다.

어떻게 성령 충만하는가?

우리가 날마다 하나님 앞에 나아가는 노력을 하지 않으면 성령 충만할 수가 없습니다. 그래서 넘어지게 되고 하나님 앞에서 애통해합니다. 그렇다면 어떻게 성령 충만을 받을 수 있을까요? 성경을 통해 해서는 안 되는 교훈 두 가지와 해야 하는 한 가지 교훈을 살펴보고자 합니다.

첫째, "성령을 소멸하지 말라"(살전 5:19)**고 합니다.** 앞에서도 설명했듯이 이 말씀은 '성령이 들어왔다가 나가는구나. 성령 세례를 받았다가도 취소될 수 있구나.'라는 뜻이 아닙니다. 성령이 내 안에서 하는 역사를 억누르지 말고 성령이 나를 지배하도록 놔두라는 의미입니다. 우리는 어떻게 성령의 역사를 억누르고 질식시킵니까? '왜 나만 이렇게 살아야 하는가?'라는 생각이 들 때 의심과 좌절이 생깁니다. 그리고 그 의심과 좌절은 불신앙으로 이어집니다. 그 불신앙 때문에 하나님께 순종하지 않고 믿음에서 떠나거나 멀어지게 됩니다. 또한 불순종하게 되면 우리는 하나님의 모든 역사와 섭리와 주권을 받아들이지 않고 자기의 뜻과 의지를 따라 세상을 살아갑니다.

성령을 억누르지 않고 성령의 역사에 맡기려면 어떻게 해야 할까요? 말씀을 통해서 나오는 영적 교훈에 순종해야 합니다.

가짜 목자와 참 목자를 구별하여 참 목자를 통해 하나님이 하시는 말씀에 순종해야 합니다. 그리고 내 안에서 역사하시는 성령의 인도하심에 나를 맡겨야 합니다.

하나님의 역사와 섭리가 무엇인지는 지금 당장 알 수 없습니다. 지금 당장은 하나님의 역사와 섭리가 불편해보이고 좌절스러워 보일 수 있습니다. 바울은 데살로니가전서 5장 23절에서 "평강의 하나님이 친히 너희를 온전히 거룩하게 하시고 또 너희의 온 영과 혼과 몸이 우리 주 예수 그리스도께서 강림하실 때에 흠 없게 보전되기를 원하노라"라고 말했습니다. 성령을 소멸하지 않고 성령의 역사와 섭리에 맡길 때, 하나님이 우리의 전인격을 예수 그리스도가 나타나실 때까지 온전케 보전하심을 믿어야 합니다.

둘째, "성령을 근심하게 하지 말라"고 합니다.

"하나님의 성령을 근심하게 하지 말라 그 안에서 너희가 구원의 날까지 인치심을 받았느니라"(엡 4: 30).

'성령을 근심하게 하지 말라'는 성령을 슬프게 하지 말라는 뜻입니다. 우리 안에 내주하시는 성령은 하나님의 보좌 곁에서 우리를 위해 말할 수 없는 탄식으로 간구하고 계십니다.

그런데 우리가 성령을 슬프게 하면 우리를 위한 성령의 중보가 끊기게 됩니다. 즉 성령을 슬프게 하는 것은 우리의 죄입니다.

성령은 거룩한 하나님의 영입니다. 그래서 성령이 우리 안에 들어오면 거룩을 추구하게 됩니다. 교회 안에서의 거룩뿐만 아니라 매일의 삶 속에서 거룩을 생각하게 하고 또한 거룩하도록 만듭니다. 그러나 죄는 우리를 거룩에서 멀어지게 합니다. 그래서 우리가 죄를 지을 때 성령은 우리 안에서 슬피 눈물을 흘리십니다. 그럴 때 우리는 죄를 고백해야 합니다. 그러면 그가 우리 죄를 사하시고 모든 불의에서 우리를 깨끗하게 하심으로써 성령이 다시 우리 안에서 역사하게 됩니다.

그렇다면 왜 성령을 근심하게 해서는 안 될까요? 그 이유가 에베소서 4장 30절 후반부에 나와 있습니다.

"그 안에서 너희가 구원의 날까지 인치심을 받았느니라."

인이라는 것은 도장을 말합니다. 성령은 우리가 하나님의 소유라는 도장을 이미 우리 안에 찍으셨습니다. 우리가 우리 자신의 인생을 살고 있지만 우리 인생의 주인 되시는 분은 도장을 찍으신 하나님이십니다. 소유권이 하나님 자신에게 있는 것입니다. 그래서 구원의 날까지 '이 사람은 내 사람이다. 내 꺼다.'라는 도장을 찍어두시는 것입니다. 그런데 우리가 어떻게 성령을 슬프게 할 수 있단 말입니까?

에스겔서 9장에는 인치심, 즉 도장에 대한 아주 중요한 영적 비유가 나옵니다. 에스겔서 9장은 하나님이 마지막 때에 세상을 심판하는 과정을 비유로 기록하고 있습니다. 여호와 하나님이 여섯 사람을 부르시는데 첫 번째로 세마포를 입은 사람을 부르시고는 그 사람에게 서기관의 먹통을 메고 예루살렘 성전에 들어가라고 말씀하십니다. 그리고 그 먹을 가지고 성 사람들이 행하는 사악한 죄의 행위를 안타까워하고 슬퍼하는 사람들의 이마에 인을 치라고 하십니다. 그래서 그 사람은 죄를 자각하고 슬퍼하며 애통해하는 사람의 이마에 붓으로 인을 칩니다.

첫 번째 사람이 인을 치자 하나님은 나머지 다섯 사람을 부르셔서 이마에 도장을 찍지 아니한 모든 사람을 죽이라고 말씀하십니다. 이 말씀은 세마포를 입은 예수 그리스도가 성령의 먹을 가지고 우리들의 마음판에 성령의 인을 치신 것을 뜻합니다. 하나님은 이것을 받은 사람은 절대 심판하지 않으시고 구원하십니다. 우리의 영혼에는 우리 눈에는 보이지 않지만 구원의 날까지 우리를 지키시는 성령의 도장이 찍혀 있습니다.

셋째, "성령을 따라 행하라"고 합니다.

"내가 이르노니 너희는 성령을 따라 행하라 그리하면 육체의 욕심을 이루지 아니하리라"(갈 5:16).

성령을 따라 행하라는 말씀은 성령을 따라 살라는 의미입니다. 믿음은 눈에 보이지 않지만 그 증거는 반드시 눈에 보이게 되어 있습니다. 순종하는 삶을 통하여 믿음의 진위여부가 드러납니다. 에베소서 5장 15-17절에서 바울이 말했듯이 자세히 주의하고 성령에 순종하며 세상을 분별하고 어리석은 자가 되지 않기를 노력할 때 성령을 따라 행하는 삶을 살게 됩니다. 성령을 따라 행하라는 것은 계속 성령에 의해 살아가라는 계속적 명령입니다.

보배를 담은 질그릇

왜 명령에 순종하며 살아야 할까요? 고린도후서 4장 7절을 보겠습니다.

"우리가 이 보배를 질그릇에 가졌으니 이는 심히 큰 능력은 하나님께 있고 우리에게 있지 아니함을 알게 하려 함이라."

사도바울은 절묘한 문구를 쓰고 있습니다. 우리는 동이나 금 또는 다른 보석으로 만들어진 존재가 아니라, 질그릇이라고 말합니다. 세상에 널려있는 진흙으로 만든 그릇과 같은 존재가 바로 우리라는 것입니다. 우리의 인생은 깨지고 넘어지고, 믿음이 좋다가도 나빠지며, 성령 충만했다가도 충만하지 못하고, 성령을 근심케 하는 연약한 인생이기 때문입니다.

그러나 우리의 인생은 질그릇 그 자체로 끝나는 것이 아니라, 그릇 안에 하나님의 영광을 아는 보배를 담고 있다고 합니다. 우리의 인생 전체는 보석처럼 날마다 반짝반짝 빛나는 삶이 아닙니다. 우리는 말씀을 통해 회개하고도 날마다 넘어지고 깨지며 싸우면서 하나님 앞으로 나아가는 질그릇 같은 존재입니다. 그러나 그 안에 보배를 가졌습니다.

믿음이 좋다는 것은 믿음이라는 이름을 가지고 탄탄대로를 살아가는 쉬운 인생을 말하는 것이 아닙니다. 참 믿음은 내가 누구인지를 하나님 앞에서 바로 깨닫는 것입니다.

깨지기 쉬운 존재이며 성령을 슬프게 하는 질그릇 같은 존재가 우리지만 하나님은 이런 우리를 사랑하셔서 구주 예수 그리스도를 우리 죄를 대신하여 십자가에 죽게 하셨습니다.

그리고 성령을 통해 우리 심령의 이마에 하나님의 자녀라는 표지를 새겨주심으로써 우리를 보배를 안고 살아가는 하나님의 백성으로 삼아주셨습니다.

그러므로 우리는 비록 질그릇과 같은 존재이지만 그 안에 하나님의 감추인 보배를 가지고 살아가는 하나님의 백성입니다. 이 벅찬 기쁨을 영혼 깊숙이 안고 즐거워하며 기뻐하고 성령 충만한 삶을 살아가는 것이 진정한 그리스도인의 삶입니다.

"내가 이르노니 너희는 성령을 따라 행하라

그리하면 육체의 욕심을 이루지 아니하리라"

(갈 5:16).

"자기의 육체를 위하여 심는 자는

육체로부터 썩어질 것을 거두고

성령을 위하여 심는 자는

성령으로부터 영생을 거두리라"

(갈 6:8).

맺음말

성령 세례를 받았음을 확신하라

우리는 지금까지 성령을 바로 알기 위해 하나님의 유일무이한 계시인 성경말씀을 가지고 성령이 누구시며, 무슨 일을 하시는지와 성령 세례와 성령 충만의 의미도 살펴보았습니다.

우리가 사는 이 세상은 이미 적그리스도의 영과 미혹의 영으로 가득 차 있습니다. 미혹의 영은 자신을 광명의 천사로 둔갑시켜 어떻게든 성도를 미혹하여 거짓에 빠지게 합니다. 오늘날 한국교회의 수많은 목회자와 성도들은 이 미혹의 영 때문에 성경을 통해 성령을 바로 알기보다는 자신의 체험과 세상의 사고방식으로 성령을 이해하려고 합니다.

이는 미혹의 영의 덫에 걸린 것입니다. 성도를 구원에 이르는 믿음의 길로 인도하는 것이 아니라 거짓에 빠지게 하여 마침내 구원에서 멀어지게 합니다. 우리는 미혹의 영이 활개를 치는 세상에 살고 있다는 사실을 깨달아야 합니다. 이러한 현실을 아시는 예수님도 "인자가 올 때에 세상에서 믿음을 보겠느냐"(눅 18:8)라며 세상에서 참 믿음, 즉 하나님이 성도들에게 단번에 주신 구원얻는 믿음이 귀함을 이미 말씀하셨습니다.

이제 저는 글을 마치며 이 글을 읽는 여러분들에게 묻고자 합니다. 당신은 무슨 영을 받았습니까? 당신이 받은 영은 성령입니까? 아니면 미혹의 영입니까? 미혹의 영이면 즉시 회개하고 거짓 영에서 떠나야 하고, 성령이면 굳게 붙들어야 합니다. 성령, 바로 알고 바로 받아야 합니다.

이 성령에 대하여 네덜란드 개혁파교회가 작성한 개혁주의 신앙고백 문서인 벨직 신앙고백서 제11조는 이렇게 말합니다.

> 우리는 또한 성령이 영원부터 성부와 성자에게서 나왔으므로 그는 지음을 받거나 창조되거나 또는 탄생하신 분이 아니고 다만 성부와 성자 두 분에게서 발생하신 분임을 믿고 고백한다. 그는 삼위일체의 순서에 있어서는 셋째의 위격이시며, 성부와 성자와 같이 하나의 동일한 본질과 존귀와 영광을 가지신 분이며, 따라서 성경이 우리에게 가르치듯이 참되고 영원한 하나님이시다.

성령은 하나님이십니다. 인격을 가지신 하나님이십니다. 성령은 단지 하나님과 예수 그리스로부터 오는 어떤 능력이 아니라 바로 하나님 그 자신입니다. 성령 이해의 가장 중요한 기초는, 성령은 인격을 가지신 삼위일체 하나님의 세 번째 위격이시며 또한 하나님이시라는 사실을 아는 것입니다.

우리가 하나님 없이 살 수 없듯이 성령의 도우심 없이는 그 어떤 그리스도인도 이 거친 세상에서 단 한 발짝도 앞으로 내디딜 수 없고 승리할 수도 없습니다. 우리 생명의 호흡이 되시는 성령 없이는 그 어떤 성도도 단 일 분 일 초라도 이 세상에서 숨을 쉬며 살아갈 수 없습니다.

성령은 중생의 순간부터 우리와 함께 하셨듯이 우리 구원의 완성을 향한 여정에서도 우리와 함께 하십니다. 또한 하나님이 우리를 이 세상으로부터 저 세상으로 부르실 때, 저 요단강도 성령의 도우심으로 건너갈 것입니다.

성령은 하나님의 영이요, 진리의 영이요, 거룩한 영이요, 새 창조의 영으로서 우리 안에 내주하시고 도우시며 가르치시고 인치시며 보증하시고 거룩케 하시며 또한 우리와 영원히 함께 하실 것입니다. 성령은 예수님이 우리에게 보내주셨습니다. 성령은 예수님에 대하여 우리를 진리로 가르치십니다. 또한 성령은 우리를 예수께로 안전하게 인도합니다.

당신은 성령을 받았습니까? 예수 그리스도를 믿음으로 받는 것 외에 성령을 받는 다른 방법은 없습니다. 누구든지 성령으로 말미암지 않고는 예수님을 주와 구주로 고백할 수 없습니다. 당신은 성령 세례 받았음을 확신합니까? 예수님을 주와 구주로 마음으로 믿고 입술로 고백하는 자는 성령 세례를 받은 자라는 사실을 믿기 바랍니다. 이 책을 읽는 모든 분은 성령 세례를 받으셨음을 확신하고 이 성령을 거스르거나 훼방하지 않고 그와 동행하는 거룩한 삶을 살기를 우리 주 예수 그리스도의 이름으로 축원드립니다.

사명선언문

너희가 흠이 없고 순전하여……세상에서 그들 가운데 빛들로
나타내며 생명의 말씀을 밝혀 _ 빌 2:15-16

1. 생명을 담겠습니다
만드는 책에 주님 주신 생명을 담겠습니다.
그 책으로 복음을 선포하겠습니다.

2. 말씀을 밝히겠습니다
생명의 근본은 말씀입니다.
말씀을 밝혀 성도와 교회의 성장을 돕겠습니다.

3. 빛이 되겠습니다
시대와 영혼의 어두움을 밝혀 주님 앞으로 이끄는
빛이 되는 책을 만들겠습니다.

4. 순전히 행하겠습니다
책을 만들고 전하는 일과 경영하는 일에 부끄러움이 없는
정직함으로 행하겠습니다.

5. 끝까지 전파하겠습니다
모든 사람에게, 땅 끝까지, 주님 오시는 그날까지
복음을 전하는 사명을 다하겠습니다.

서점 안내

광화문점 서울시 종로구 새문안로 69 구세군회관 1층
02)737-2288(T) 02)737-4623(F)

강남점 서울시 서초구 신반포로 177 반포쇼핑타운 3동 2층
02)595-1211(T) 02)595-3549(F)

구로점 서울시 구로구 시흥대로 577 3층
02)858-8744(T) 02)838-0653(F)

노원점 서울시 노원구 동일로 1366 삼봉빌딩 지하 1층
02)938-7979(T) 02)3391-6169(F)

분당점 경기도 성남시 분당구 황새울로 315 대현빌딩 3층
031)707-5566(T) 031)707-4999(F)

신촌점 서울시 마포구 서강로 144 동인빌딩 8층
02)702-1411(T) 02)702-1131(F)

일산점 경기도 고양시 일산서구 중앙로 1391 레이크타운 지하 1층
031)916-8787(T) 031)916-8788(F)

의정부점 경기도 의정부시 청사로47번길 12 성산타워 3층
031)845-0600(T) 031) 852-6930(F)

인터넷서점 www.lifebook.co.kr